U0737520

人才是第一资源
一书读懂中国古代用人智慧
厘清历代用人实践得失利弊

中国用人史鉴

汇集从先秦到清末历代明君贤臣、鸿儒名家的 **用人智慧**
梳理从分封制到中央集权历代王朝的 **用人机制**
精选影响历代王朝治乱的典型 **用人案例**
探究造就盛世与乱世的关键 **用人得失**

杜雅萍　时应禄◎编著

中国言实出版社

图书在版编目（CIP）数据

中国用人史鉴 / 杜雅萍, 时应禄编著. —— 北京：
中国言实出版社, 2022.3
ISBN 978-7-5171-4116-7

Ⅰ. ①中… Ⅱ. ①杜… ②时… Ⅲ. ①人事制度－历
史－中国－古代 Ⅳ. ①D691.4

中国版本图书馆CIP数据核字（2022）第053004号

中国用人史鉴

责任编辑：郭江妮
责任校对：宫媛媛

中国言实出版社出版发行
地址：北京市朝阳区北苑路180号加利大厦5号楼105室（100101）
编辑部：北京市海淀区花园路6号院B座6层（100088）
电话：64924853（总编室）　　64924716（发行部）
网址：www.zgyscbs.cn
E-mail：zgyscbs@263.net

经销：新华书店
印刷：三河市腾飞印务有限公司
版次：2022年5月第1版　　2022年5月第1次印刷
规格：710毫米×1000毫米　1/16　17印张
字数：209千字

定价：68.00元
书号：ISBN 978-7-5171-4116-7

前　言

人身之所重者,元气也;国家之所重者,人才也。"得人者昌""失贤者亡",历代明君贤臣,无不以用人为理政治国的头号政务。汉高祖刘邦曾与功臣们复盘秦末楚汉相争的过程,他用兵打仗不如韩信,军事谋略不如张良,调配后勤不如萧何,却因善将将而成为天下之主。由此可知,知人善任才是王道!

任何制度与政策,都离不开具体的操办人,美好的时代,都是由人来创造的。历代王朝的兴衰荣辱,与其用人思想、用人制度息息相关。中华文明五千年历史,为我们留下丰富的治国理政的理论与实践案例。

从西周起,选贤任能便成为我国用人思想的主流。"贤"是品德,"能"是才干,这条原理看似简单,其中内涵却十分丰富。对于选人者而言,何谓有德?德、才二者哪个更重要,如何根据不同职位选择与之匹配的人才,如何在治国理政的实践中调动人才的积极性……上位者的用人观念、胸怀气量,决定了组织的发展前景与未来格局。对于上述问题,我国历代思想家、明君贤臣有许多精彩的论述,他们的用人思想至今仍有积极的借鉴作用。

现代管理学不过百年,而我国王朝很早就形成成熟的管理体系,特别是在人才选拔制度、组织结构管理、行政监察等方面,既有成功的制度与案例,也有足以警示后人的反面教材。

选人用人是国之大事,我国历代的选人制度,随着王朝统治疆域变化而不断调整完善,我国古代人才选拔机制的发展脉络如下:以血缘等级制度为基础的世卿世禄制—由地方官向中央举荐人才的察举制—讲究门第的九品中正制—面向全体读书人的科举制。

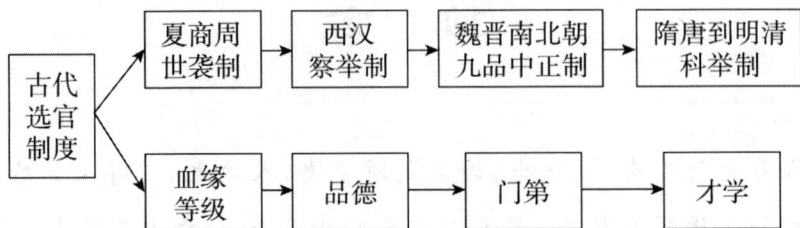

古代选官制度沿革简图

西周时,疆域狭小,人口少,政务简,因而机构相对简单。到了东周,人口与疆域不断扩大,政务越来越多,机构分工更为精细。自秦以后,历代王朝用人越来越制度化,以郡县制代替分封制,以官禄取代了采邑,以职设官取代了因人设官。同时,对官吏的考核制度与监察制度对提高行政效率、防腐反腐也有积极的作用。在育人方面,古代既有官办的学校,又有发达的私学,文脉因此延绵数千年。

以史为鉴,可以明得失。从古至今,选人、用人、育人,都是治国理政的要点。本书依照时间顺序,梳理了中国古代历代的用人思想与用人制度,并总结出历代用人的成功经验与失败教训。

宋代思想家陆九渊曾说:"人同此心,心同此理。往古来今,概莫能外。"当下,党政机关、企事业单位的管理者同样要面对人才选拔、人事管理、人才培养等方面的难题,希望本书对此有所启发。

目 录

任人唯亲

第一章

建构家国一体贵族政治的西周

　　西周（前 1046 年—前 771 年）是华夏政治文明的奠基期，周人在上古原始血缘氏族治理理念的基础上，确立了以分封制为框架、以宗法—礼乐制度为纽带、以天命—德政为核心政治理念的治理模式。西周初年，周公制礼作乐，礼治成为统治者的治国方略——"亲亲父为首""尊尊君为首"——以血缘为纽带，以周天子为最高统治者，以"忠""孝"为价值观，西周建起家国一体的贵族政体。任人唯亲、德治民本是西周的用人理念，西周已有较为复杂的官制，不同等级的贵族出任不同的职位。在西周，只有士阶层的子弟才能任官，天子分封诸侯和任命官吏都以王室血缘关系的亲疏而定。"任人唯亲"是西周用人的最大特点，其中的得失利弊，我们应回到历史现场，具体评析。

第一节　西周时期的用人思想

夏、商、周三代是中华文明的发育期,其中夏、商因年代久远,文献不足,其历史沿革多以传说神话为主。到了西周,文献及出土的青铜器上的铭文,其中包含大量任用贵族的册命文书,都成为后人了解西周政治、经济、思想、文化的资料,《尚书》《周礼》《左传》《史记》中,也有许多西周用人的相关史料。

一、商纣亡国的教训是西周用人思想转向德治民本的根源

周是上古姬姓氏族部落,以农业为生。商代武丁时,周成为商的诸侯国。后来,古公亶父带领族人迁徙到周原(今陕西省宝鸡市扶风、岐山一带),与这里的土著姜姓氏族通婚,结成部落联盟。到商纣王时,周的领袖姬昌任用贤人,施行仁政,部落势力大增。

公元前 1046 年,周武王姬发伐纣成功,国祚延续千年的商王朝灭亡。新朝号为周,定都镐京。西周建立后,确立了以分封制为框架、以宗法—礼乐制度为纽带、以天命—德政为核心政治理念的治理模式。公元前 771 年,周幽王被犬戎和申侯杀死,次年周平王东迁洛邑。历史上将平王东迁之前称为西周,东迁后称为东周。

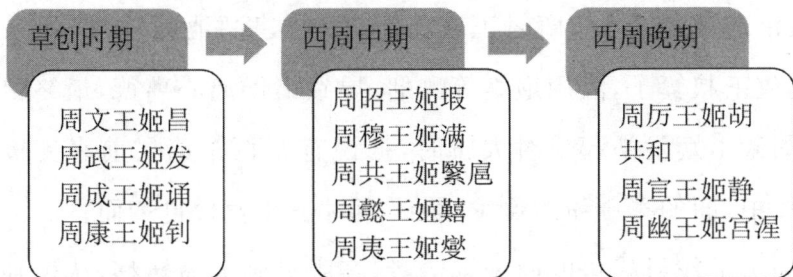

草创时期	西周中期	西周晚期
周文王姬昌 周武王姬发 周成王姬诵 周康王姬钊	周昭王姬瑕 周穆王姬满 周共王姬繄扈 周懿王姬囏 周夷王姬燮	周厉王姬胡 共和 周宣王姬静 周幽王姬宫湦

西周周王世系

3

周王朝强盛时,势力所及,南过长江,东北至辽宁省,西至甘肃省,东到山东省。

武王克商后,基本承袭商制,以分封制与宗法制为基础,选官用人方面则沿用世卿世禄制。西周继承了殷商的政治遗产,同时又吸取了殷商亡国的教训,用"德治民本"理念来修正殷商的重鬼神、轻人事的用人思想,并试图通过完善贵族教育培养谨守礼制的合格的管理人才。

从商代墓葬的考古发掘中,我们可以知道,在殷商,曾存在大规模的人殉现象,文献中也有类似记载,《礼记·表记》中说,"殷人尊神,率民以事神,先鬼而后礼"。商代是我国历代王朝中神本文化最浓厚的时代,事无大小都要占卜祭祀。那时从天子到诸侯公卿,占卜、祭祀都至关重要。举例来说,周文王在被拘禁期间,利用难得的空闲时间演算八卦,为原始八卦图补齐象辞卦辞。周文王之所以被周围的诸侯国君信赖,他善于占卜是重要的因素。由此可见"敬事鬼神"习俗的影响。

正因为殷人迷信鬼神,重视祖先,因而在墓葬中,才会有大量活人殉葬现象。殷商的天子认为,只要对祖先及鬼神供奉得当,便可以延续统治,天命恒常,只要鬼神满意,百姓死活无足轻重。在商代晚期,政治越来越腐败,商纣王耽于享乐,修建酒池肉林,杀死王子比干、流放王叔箕子,滥用炮烙等酷刑,导致诸侯离心离德,最终走向灭亡。周武王姬发举起伐纣大旗时,据说有八百多诸侯前来支援。牧野之战中,商的军士纷纷倒戈,最终商纣王在鹿台自焚而亡。

经历了伐纣战争的西周统治者,亲眼见到天命转移,认识到天命不是仅靠祭祀就可以维系的,统治者如果暴虐无德、残害百姓,则配不上天命。周公给各地诸侯的诰书中，无不强调敬天保民、克己修德的治理原则。可以说，殷商的灭亡，让西周初年的政治家们开始认真思考"人"的力量，思考"德"的重要性。

二、德治与民本：西周用人思想的精华

西周由姬姓与姜姓联姻组成统治集团，不论是王畿还是诸侯国，只有宗亲贵族才可以做官。现代管理学中，任人唯亲是组织机构人事管理的大忌，但在夏、商、西周时代，任人唯亲是社会上的普遍共识，这与当时的社会发展阶段相匹配。只不过，周初的统治者强调对统治阶层的教育，用新的天命观来规范和约束贵族集体。德治与民本理念，成为后世选人用人的标杆，也成为有识之士治国理政的内在要求。

周公制礼作乐，将德行与天命联系在一起，改变了殷商"以祖配天"的意识，转为"以德配天"，强调君王要有贤德，如此才配得上上天的恩泽。从此以后，"以德为先"成为中国吏治的优良传统，选才选德、德育教化为先的用人思想就是从西周开始的。《中国共产党组织工作条例》中，用人原则就有"坚持德才兼备、以德为先"的规定。

何为"德治"？周公提出"敬德保民"的理念，即"德治"的中心内容是保民，体恤小民的难处，保护弱势群体。

"敬德保民"就是要"宜民宜人"，具体来说，统治者既要对民宽厚、惠民保民，又要慎重刑罚，如此施政才能安民。贵族子弟通过学习礼乐，能够"尊礼尚德"，"顺乎天而应乎人"（既要顺从天意，又要取得民心），最终巩固"天命"，保证周王朝的长治久安。

周公在给周成王的诰书中，多次强调上位者应以商纣王为反面教材，加强自身内在的品德修养，克制己欲，施行善政，以实现"受天

之命而王天下"的目标。到了周代，仅有血缘身份不足以成为从政者，光用祭品贿赂鬼神者也不足以从政，只有心中有人民、品格过关的人，才能成为从政者。孔子曾总结从政者的基本素养：

子曰："尊五美，屏四恶，斯可以从政矣。"子张曰："何谓五美？"子曰："君子惠而不费，劳而不怨，欲而不贪，泰而不骄，威而不猛。"子张曰："何谓惠而不费？"子曰："因民之所利而利之，斯不亦惠而不费乎？择可劳而劳之，又谁怨？欲仁而得仁，又焉贪？君子无众寡，无小大，无敢慢，斯不亦泰而不骄乎？君子正其衣冠，尊其瞻视，俨然人望而畏之，斯不亦威而不猛乎？"子张曰："何谓四恶？"子曰："不教而杀谓之虐；不戒视成谓之暴；慢令致期谓之贼；犹之与人也，出纳之吝谓之有司。"（《论语·尧曰》）

子张向孔子请教为官从政的要领，孔子总结前代德政理念，讲了从政者应懂得"五美四恶"，其中五种美政是：君子要给百姓以恩惠而自己并不奢侈浪费；使百姓劳作而不生怨恨；要追求仁德而不贪图财利；庄重而不傲慢；威严而不凶残。四种恶政是：不经教化便加以杀戮（虐）；不加告诫便要求成功（暴）；不加监督而乍然限期（贼）；同样是给人财物，却出手吝啬。

孔子这番论述包含有丰富的"民本"思想，这些理念追本溯源，都来自西周"敬德保民""以德治天下"的观念。

西周扭转了商代重巫重鬼的观念，将天理与统治阶层的德行合二为一，形成天命与德治、天命与民意相结合的意识形态，标志着我国古代政治从丛林法则走向文明。德治民本成为后世儒家思想的渊薮，其积极意义影响至今，德治与民本也成为中国传统政治的特色。

```
┌─────────────────────┐      ┌─────────────────────┐
│   商：敬鬼神         │      │   周：敬天命         │
│   先鬼神而后礼       │      │   明德慎刑以保民     │
└──────────┬──────────┘      └──────────┬──────────┘
           │                            │
    ┌──────┴──────────┐          ┌──────┴──────────┐
    │ 率民以事神，天子 │          │ 敬天保民，天命可 │
    │ 的权力来自上天， │          │ 因统治者的德行转 │
    │ 与百姓无关       │          │ 移，上位者应体恤 │
    │                  │          │ 小民的难处       │
    └─────────────────┘          └─────────────────┘
    ┌─────────────────┐          ┌─────────────────┐
    │ 重巫重神，严刑峻 │          │ 依礼制各安其分， │
    │ 法，大规模人殉   │          │ 克制己欲、慎用重 │
    │                  │          │ 刑，施行善政     │
    └─────────────────┘          └─────────────────┘
```

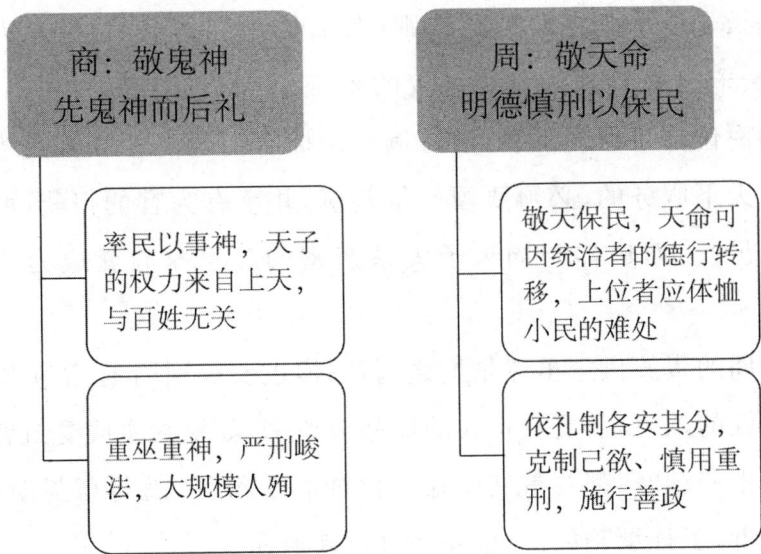

商、周天命观的区别

第二节　西周时期的用人制度与实践

西周初年,国家规模有限,还处于从原始的氏族部落联盟向统一王朝的过渡阶段,西周统治者通过分封血亲、姻亲、功臣,建构起家族式的治理框架。西周的官制以宗法制与分封制为基石,在选人与用人上,则是典型的世官世禄(世卿世禄)制度,父死子继,世代为官。同时,西周时,占卜、管理、司法、行军驾车、书写诏令等技能,都被某个贵族家族所垄断,那时只有贵族才有资格接受教育,国人、野人既没有任官的渠道,也没有受过专门训练,因此,世官世禄制度就成了西周选人用人的主要方式。

一、西周时期的选人、用人、育人

1. 世卿世禄制

西周时期上自天子下到诸侯国的基层管理组织,官员都是世袭的。嫡长子继承制在西周是铁则（其后的王朝,在皇位继承人选择上,嫡长子也一直都是正统皇权的象征）。贵族家族中,同样如此。家族的爵位都是世代承袭,没有例外。拥有爵位的家族都是为周天子统治天下服务的,必须要领一份差事,并享有为官的报酬（西周时代为采邑）。而这样与周天子关系亲密的显贵家族就成为所谓的世族。

西周的贵族世家虽然是世袭罔替,但也要得到周王、诸国国君或上级贵族的认可,需要有正式的任命或册书,如果封主或受封者任何一方发生变动时,都要重新册命。比如新王继任,就得再封旧臣;某贵族去世,子孙承袭爵位,也要经过重新册命。

西周时,一个人的出身就决定了他的一生。除非做了特别出格的事情,否则贵族家族不会发生变化。贵族子弟继承不代表一定能继承先人的职官,而是有了出任的资格。如果是长辈在位,下属往往是他的后辈。长辈去世,职位空缺,原来的副贰则顺理成章接受这个职位,延续家族的承袭。如果是特别重要的位子,年轻的贵族无法胜

1. 出身在贵族世家, 且是宗子。从小开始正规的贵族教育, 进入小学、大学, 循序渐进, 接受礼乐等方面的教育。

2. 成为父亲或同宗长辈的副贰, 开始"实习"锻炼。

3. 长官去世, 职位空缺, 经验足以胜任, 天子发布"册命", 新长官就任。

贵族任官流程

任,那么,这个职位将由来自另一个家族的老贵族担任。也就是说,当甲升迁某官时,其继任者安排为乙,而甲之子则为乙的继任。同一个职位,由同等阶的家族轮流担任。

西周早期,"以事划权"而不是"以职划权",官位与职务都还没有明确的规定,贵族在等待继承祖先的职位时,也可能被委派做其他事。

以王畿为例。周王是天下共主,辅佐周王的被称为"师保",太师、太傅、太保,合称为"三公"。师保是周王的监护人和保护人。师保只有公一级别的贵族才可以担任。在王畿之内,高级贵族"公"们组成了类似于"贵族议会"的机构,国家大事都由这个机构决策。以师保为主的贵族议政集团权力极大。师、保、公是诸侯一级的贵族轮流担任的职位。

西周初年,周武王继位后,以姜姓贵族代表姜尚为"师",在伐纣及之后的东征等军事行动中,姜尚出力最多。《史记·周本纪》说,周武王"封功臣谋士,而师尚为首封",姜尚成为齐国的始祖。姜尚及长子齐丁公姜伋都留在王畿,辅佐王室。

周成王年幼继位,"召公为保,周公为师"。周公旦曾"践阼,代成王摄行政,当国",七年后,成王长大,周公还政于成王。召公、周公、姜尚是周公东征的主事者。东征的结果是稳固了周王室内部,周天子的影响也进一步扩张到东方。周公的封地在鲁,但周公一生主要在王畿度过。周公的儿子伯禽与姜伋一样,也跟随父亲留在王畿,他后来也做过周王的师保。周公姬旦一族一直担任周王室的相,直到春秋时周王室的相依然由周公后人黑肩、阅担任。召公家族也一直辅佐周王。召公的封地在燕,召公同样带着儿子留在王畿,辅佐王室。在公元前841年,周王室遇到大危机,是召公及周公主持国事,实现了政权的平稳过渡。

除了师保，直接辅佐周王、握有实权的还有太宰（由公一级别的高等贵族出任）。太宰总揽政务，是政府中的首脑。"宰"在商代就已出现，是王室内廷的治事官。"太宰"是王室的大总管，西周是家国同构的政治体制，王室的大总管，就是天下的大总管。太宰相当于后代的"相"，后世"宰相"官名亦由此而来。

太宰手下有卿士（由次一等贵族出任），处理各类庶务政务，卿士同样是世袭罔替。其中司徒管理土地与人口以及诸侯疆界的勘定；司马掌管征收军赋，管理战车、马匹等军政事宜；司寇掌管刑狱；司空负责管理百工以及兴建土木、水利等工程。

卿士之下又有各类职属（由中下级贵族担任），于是构成相当规模的统治机构。西周官吏的名称极为复杂，除了师保，《尚书·立政》记载的官名有任人、准夫、牧、虎贲、缀衣、趣马、小尹、左右携仆、百司、庶府、大都、小伯、艺人、表臣百司、太史、尹伯、庶常吉士等。

西周时代的官吏，大体可分为三类：

（1）政务官——任人、准夫、牧。任人，执掌王廷政务。准夫，执掌司法。牧，执掌民政。

（2）外廷事务官——大都、小伯、艺人、表臣百司、太史、尹伯、庶常吉士。"大都"是管理诸侯和国王子弟们采邑的官吏。"小伯"是管理卿、大夫采邑的官吏。"艺人"是管理技人的官吏，如管理卜、祝、巫师、工师等。"表臣百司"在外廷管理政事。"太史"负责记事和制作册命。"尹伯"是众官的头目，"庶常吉士"是具体办事的士官。

（3）王室内廷事务官——虎贲、缀衣、趣马、小尹、左右携仆、百司、庶府。以上是负责宫廷护卫的武官及宫中事务的内官。

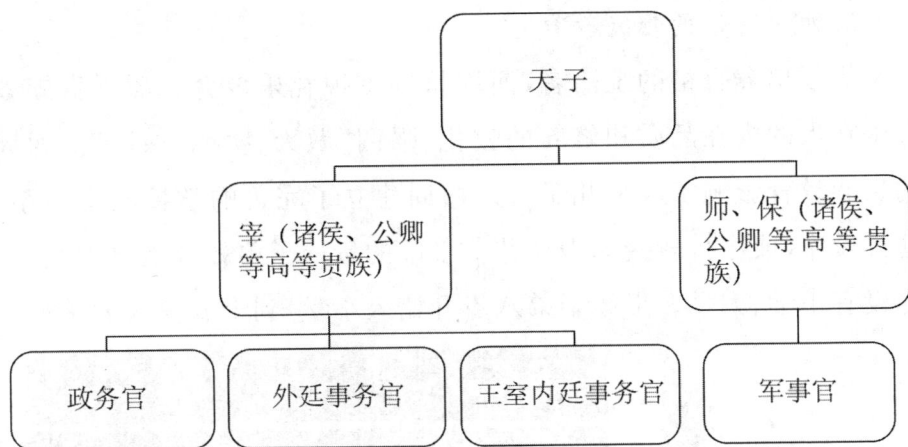

西周王畿中等以上贵族职位

某些特别专业的职官如"史",则是子承父业,没有例外的。这是因为在上古时代,识字、占卜、古今制度等知识是被某一家族所垄断的。

2. 采邑即俸禄

西周贵族都有封地(采邑),封地的土地与人民就相当于后世的俸禄或工资。西周时,经济发展有限,土地与人口就是财富。周天子富有天下,正所谓:普天之下,莫非王土;率土之滨,莫非王臣。周王根据具体情况赏赐功臣采邑。《国语》中,周襄王回忆往事,说道:"昔我先王之有天下也,规千里以为甸服,以供上帝山川百神之祀,以备百姓兆民之用,以待不庭不虞之患,其余以均分公侯伯子男,使各有宁宇。"

从理论上说,天下的土地都是周天子的,贵族们只有采邑的使用权,一旦有过错,王室有权予以追夺。管叔、蔡叔作乱,其采邑就被没收。后来蔡叔之子胡率德改行,才又得重新受封于蔡。

在诸侯国内,国君也把土地作为采邑分赐给子弟、属臣。这些土地只称邑,受赐者称为大夫,这就是《礼记》所说的"天子有田以处其子孙,诸侯有国以处其子孙,大夫有采以处其子孙,是谓制度"。

3.西周时期的贵族教育

为了培养合格的统治者,西周特别重视礼乐教育。西周贵族教育重在人的内在品质和修养的教化,强调"敬天、明德、保民"。西周的贵族教育影响了未来几千年。西周建立了完善的学校教育体系。地方设庠(或序),教授知识技艺。王畿的贵族子弟教育则更为完备,专设有小学、大学。贵族子弟八岁开始入小学,到十五岁入大学。

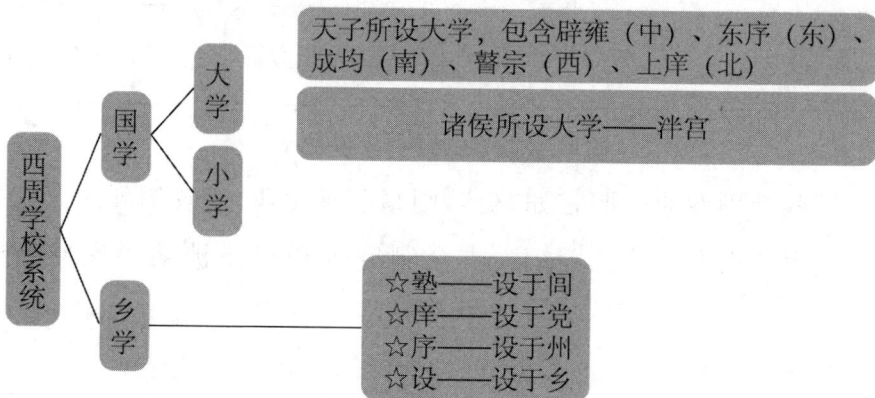

西周学校体系

《周礼·地官司徒·保氏》记载:"养国子以道。乃教之六艺:一曰五礼,二曰六乐,三曰五射,四曰五御,五曰六书,六曰九数。"这段话的意思是,西周的学校就是官员的培训中心。贵族子弟的课程包括德行、技艺和仪容等方面。技艺兼及文武,有礼、乐、射(射箭)、御(驾车)、书(文字)、数(算术),称为六艺。

教化的目的,是通过让人系统地接受那些筛选过的信息来改变其思想。西周的贵族教育就是通过礼乐知识的修习,将敬天保民的思想内化为政治目标,从而修身、齐家,以治天下。

二、稚童叔虞封侯是西周世卿世禄制的典型案例

从西周到春秋时期,晋国是重要的诸侯国。晋国的始祖叔虞小小年纪即受封,充分体现了周初用人以亲的特点。首先,叔虞凭血缘

成为重要的诸侯,获得一块战略要地做采邑;其次,叔虞受封时,举行了正规又烦琐的仪式,成为代理周天子治理地方的诸侯;最后,周公在册封诰书中,指导叔虞如何治理晋国。

周武王姬发驾崩后,成王年幼,周公辅政。一天,周成王和弟弟叔虞在宫中玩耍。周成王随手捡起一片桐叶,削成上尖下方的玉圭形,送给了叔虞,对叔虞说:"这枚玉圭是我送给你的,我要封你到唐国去做诸侯。"旁边的史官听到后,告诉了周公,周公就让周成王占卜,挑选吉日为叔虞举行正式的分封典礼。

周成王忙说:"这不做准,只是小兄弟的游戏。"周公却认真地对成王说:"天子无戏言。说出来的话要被载入史册,要按礼仪完成,并奏乐章歌咏。如果天子说话都不算话,今后就没人相信天子说的话了,那样的话,还会有谁愿意为国效命呢?"("天子无戏言。言则史书之,礼成之,乐歌之。")

于是成王将旧唐在黄河、汾河东边方圆百里的土地封给叔虞,史称唐叔虞。这片土地原是夏朝故地,周公等人刚平定唐地叛乱。周武王的兄弟已经各有封地,叔虞是武王的儿子、成王的兄弟,身份尊贵,虽然年幼,但作为周天子的代表,却是最合适的人选。

周成王为叔虞举行了隆重的授土授民仪式,赐给他"怀姓九宗,职官五正"。以大路、密须之鼓,阙巩之甲,沽洗之钟这些礼器作为授命唐叔虞征伐不臣的象征。周公以诰书的形式,指导唐叔虞治国理政:因唐地夏人和戎狄混杂,应"启以夏政,疆以戎索",即按照夏朝的政治制度来统治人民,还要以戎狄的风俗习惯和法律规制来管理日常事务。唐叔虞死后,嫡子燮改唐为晋,继承其衣钵继续发展。

用现代的观念看,周天子派一个小孩去管理战略要地,十分不妥。但从历史上看,桐叶封弟非但没有引起地方叛乱,相反成为美谈,叔虞成为晋侯始祖,晋也成为周代最重要的华夏诸侯国之一。今天看来如同儿戏的用人,为什么会成功呢?这是因为,依照西周的宗法制与分封制,叔虞是武王亲子、成王亲弟,他成年后一定会得到封邑,成为一方诸侯。唐地战略地位重要,且刚归附于周天子,此时需要一位身份尊贵的人作领主。当时,周武王的兄弟都有了封地。从血缘上说,叔虞是未受封的宗亲中地位最高的(尽管他年纪小),在宗法思想浓厚的时代,由与天子血缘关系最近的人做诸侯,表示周天子对新归附氏族的重视,能安定人心。叔虞的受封仪式隆重且正式,周公发布的诰书,给予详细的治理指导。桐叶封弟整个过程就是对周礼用人以亲理念的实践。

第三节　西周时期用人略评

西周用人,任人唯亲,在创业初期,起到了重要作用,但到了王朝中后期,因封闭的用人制度,导致王朝矛盾重重。尽管周代重视德政,强调王室的教育,但仅凭道德约束,无法拯救已逐渐堕落的贵族。

一、西周时期用人的成功经验

在国家初创期,组织成员目标一致的程度,对其履行具体职能的方式具有重要的影响。在任何组织内,目标高度一致可以减少成员间互相冲突的次数和强度,因而可以使组织内部更团结。目标的高度一致是实现任何分权的关键环节。西周初年采用任人唯亲原则,能团结氏族内各方势力,人尽其才,从而完成伐纣及统一大业。

西周早期,小国寡民,且政权刚刚更迭,内部稳定至关重要。周公制礼作乐,最重要的举措就是确立立嫡立长的继承制度,有了客观

绝对的继承制度,就可以理顺贵族的内部秩序,减少统治集团内部的权力与财产争夺。《吕氏春秋》对此的评述十分精到:

"先王之法,立天子不使诸侯疑焉,立诸侯不使大夫疑焉,立嫡子不使庶孽疑焉。疑生争,争生乱。是故诸侯失位则天下乱,大夫无等则朝廷乱,妾不分则家室乱,嫡孽无别则宗室乱。"

周天子的王室继承关系有客观而绝对的礼制规范,其下的诸侯、公卿、大夫、士,同样依照宗法制管理宗族及其领地、人民。任人唯亲在周初可以稳固统治阶层,使得内部团结一致,对外扩张,完成东征,其结果是扩大了统治范围,消灭了外来威胁。

西周对后世人才观最大的贡献是强调"德治"与"民本"。周公制礼作乐,为后世的施政者树立了善政典范,也对从政者提出了道德上的要求,即"君子惠而不费,劳而不怨,欲而不贪,泰而不骄,威而不猛"。

二、西周时期用人的弊端和教训

"亲亲""尊尊"的礼制思想确保了在政治上业已获取统治地位的家族优势,使其血脉的独特性具有延续性,从而"贵者恒贵"。而这些贵者,都是西周的皇亲国族。任人唯亲,使得西周成为真正意义上的家国一体,与姬姓家族有血缘关系的家族垄断了西周政权。

到了西周中后期,国土面积扩大,人口增加,王室的权威下降,原始氏族集团解体,井田制走向瓦解,零散的自耕农生产方式已经出现,虽不普遍。国库空虚,国家却无法通过征收赋税来改善财政。

周厉王继位后,横征暴敛,当时西周与犬戎连年征战,人民饱受战乱之苦,还要承担沉重的赋税。周厉王任用荣夷公(祖祖辈辈都是大贵族)为卿士,贪污腐败,敛财无度。国人对此十分不满,周厉王却禁止国人讨论国事。为压制国人的不满,厉王命卫巫监视,有谤王者即杀戮。结果人人自危,道路以目,终于酿成国人暴动。公元前841年,国人大规模暴动,厉王被迫出奔到彘。朝中由召公(西周封到燕国的召公的后人)、周公(周公姬旦的后人周定公)两大臣行政,号为共和。

当国家需要变革时,政治却越来越腐败,这时,世袭制的弊端就暴露无遗了。首先,世袭制无法保证世袭官位的人德才兼备,尽管贵族子弟都有机会接受官吏教育,但因为没有竞争,学校的成材率无法量化;其次,世袭官位逐步形成世族诸侯,向上对中央政权构成威胁,向下逐步占有更多资源,从而加剧社会矛盾,由此必然导致行政效率低下和严重的腐败问题。到了周王朝中后期,因为缺乏有效监督,有采邑的官僚利用手中的权力为自己牟取利益,这对西周赖以生存的基础造成了破坏。

周幽王被犬戎联合申侯杀死,周平王东迁,表面上看是由犬戎之乱引发的结果,但深究其原因,是经过几百年的发展,人口与土地不断增加,西周建国基石的分封制与宗法制正在瓦解。周王朝官僚机构从初期简单的官署,向着复杂化演进。西周中期开始,多层次的官僚系统初步形成,官僚开始按照层级确定职责范围。随着统治规模的扩大,分工明确、责权明晰的官僚体系取代以血缘纽带为基础的宗法家族,已成为大势所趋。

综上可知,"任人唯亲"虽然能在短时间内凝聚组织力量,完成目标,但以血缘为唯一原则,阻隔了社会其他群体进入政治生活的道路,使得统治集团内部成为一个血缘闭环,而且由于没有竞争,使得统治集团失去了危机感,同时也失去了自我激励、自我提升的精神意志。政治的平庸、萎靡甚至骄奢,就成为必然;另一方面,社会上的广大民众,对现状不满,必然会进行反抗,反抗又使当权者对暴力格外倚重和青睐。当政治生活里充斥着暴力和暴虐时,国家灭亡便就在眼前了。

西周初年,任人唯亲的用人制度的好处:①使得统治阶层内部团结一致;②便于扩大统治范围,消灭外来威胁;③转移内部矛盾,加强统治。

西周中后期,任人唯亲的用人制度会造成:①世族诸侯坐大,王权失落;②行政效率低下;③严重的腐败问题。

西周任人唯亲的得与失

任人唯名

世卿世禄制度走向末路的春秋

春秋(公元前 770 年—前 476 年)是一个风起云涌、人才辈出的时代,也是中国文化的"轴心时代"。公元前 770 年,周平王东迁,标志着西周结束,史家将东周前半段称为"春秋",因编年史书名《春秋》而来。春秋开始,周王室权威衰落,诸侯霸主崛起,诸侯国打着"尊王攘夷"的大旗,吞并弱国,扩大领土。与此同时,士阶层开始崛起。诸侯国要变大变强,人才是关键。在这个礼崩乐坏的时代,世卿世禄制度走向末路,原来被高等贵族垄断的重要职位,下级贵族子弟也可以出任。许多受过教育的优秀的下级贵族子弟因才名或贤名受到诸侯的青睐。春秋时,诸侯国几乎都有相对完备的官制,华夏诸国与楚、秦等国略有不同。私人讲学开始流行,孔子弟子号称三千,墨子门人遍及天下。在用人上,有志于争霸的国君都降低人才任用的身份门槛。只要有贤名或才名,即使不是大贵族出身,士都有可能做诸侯国的卿士。因为人才横向和纵向的流动路径通畅,春秋时代才呈现出人才辈出的景象。

第一节　春秋时期的用人思想

西周中后期，贵族经过繁衍生息，人口比之前多了许多，而可供他们选择的职位并没有增加，为了谋生，许多人不得不另谋出路，有的凭学到的知识到诸侯国继续做自己原来的工作，有的转到民间靠襄礼赞仪维持生计，还有的开始聚众讲学、著书立说。到了春秋时代，士人阶层进一步扩大，他们凭借知识和技能谋生，有相对的独立性。同时，士人并不隶属于某个上级卿士，对上级对他的态度非常看重，如果士人认为上级不重视自己，就会潇洒地离开。春秋时诸侯国众多，各国都在选拔使用优秀人才，尤其是对名气很大的士人，求之若渴，因此士人的流动性与自由度相当大。比如孔子的弟子子贡，名满天下，各诸侯国都视他为座上宾。当时士人之所以被诸侯国重视，与诸侯争霸的政治环境密切相关。

一、诸侯争霸的取胜秘钥是争夺人才

根据周代礼制，周天子是全国最高统帅，号令诸侯、征讨四方、祭祀天地，都是周天子责无旁贷的责任（"礼乐征伐自天子出"）。周平王迁都后，这些权力逐渐转移到诸侯手中（"礼乐征伐自诸侯出"），有的诸侯国权势也转移到大夫家中（"礼乐征伐自大夫出"）；更有甚者，一个大夫也可以左右周王室的动向（"陪臣执国命"）。从出土的墓葬来看，到春秋时，逾越礼制的现象比比皆是，王室、诸侯、卿大夫之间相互混战，孔子发出"礼崩乐坏"的感慨。

周天子权势变化表

时代	领地	人口	财力	兵力	与诸侯关系
西周	从镐京到洛邑方圆约千里	人口众多	资源丰富	王室直辖军达 14 万人以上	礼乐征伐自天子出
东周	东周初年王室直辖领土方圆 600 里,到最后只有方圆 100 里左右的土地	所剩无几	物资贫乏	平王东迁时有 3 万人,后只有几千人	周天子成为傀儡,礼乐征伐自诸侯出

西周末年,官位世袭的用人政策也是周天子政令不行的重要原因。世卿世禄制导致某些贵族生来就有高位,不需要努力奋斗就能身居要职。由此必然产生骄奢淫逸、贪污腐败。要解决人才不足的问题,就必须向下兼容,从基数更大的士族中择优选才。周王室已无力进行改革,而诸侯国选人则兼顾宗法(士阶层以上的出身背景)与能力(才识人品)。其结果就是周王室越来越弱,而有野心善用人的诸侯开始称霸。

人的贪欲是无穷的。诸侯获得封地后,自然想侵吞别人,做大做强。东周时,诸侯国国君的野心开始膨胀,他们通过战争、外交等手段夺取更多的土地与人口,获取更大的名望与荣耀。周天子实力虽然已经大不如前,但依然具有天下共主的名号,而且春秋时诸侯国众多,没有哪一国有取代周天子的实力,因此,春秋时的诸侯国在"攘夷"时,只有举起"尊王"的大旗,才会显得名正言顺。

当时北方的戎、南方的楚都有意向中原地区扩张,华夏诸侯国单凭一国力量无法抵御,必须联合作战才能共存。有战争就有会盟,春秋时常常参与会盟的诸侯有齐、晋、鲁、卫、陈、蔡、郑、曹、燕、秦、楚、吴等。

　　齐桓公任用管仲,最先称霸。管仲是由好友鲍叔牙举荐给齐桓公的士人。管仲是姬姓,贵族出身,到他这一代家道中落,只能以与朋友一起做生意、打零工为生。管仲是春秋时由贵族变为平民的士人的典型代表。他们受过教育,具备行军打仗、祭祀礼仪、管理国家等辅佐君王的知识。管仲是其中的佼佼者。在春秋诸侯争霸的背景下,像管仲这样的士人,有了出人头地的机会。

　　齐桓公之后,晋文公称霸。其后,郑国、秦国、楚国、吴国、越国,或在攻伐大战中取胜,或成功组织诸侯国会盟。这些诸侯国之所以能称霸,全赖于国中贤能的政治家、军事家。春秋时,诸侯争霸其实亦是人才争夺战。

春秋主要大国及其势力范围

　　什么样的人能胜任管理国家的重任?上位者应该怎样鉴别、任用人才?春秋时代主要的思想家都各有洞见。

二、春秋时期主要思想家的用人思想

1.《管子》中记录的管仲的用人思想

管仲是春秋时第一流的政治家,他辅佐齐桓公四十多年,使齐国成为东方大国,齐桓公"九合诸侯,一匡天下",而管仲一死,齐桓公不听管仲遗言,信用小人,结果病饿而死,令人唏嘘。孔子曾说:如果没有管仲,我们可能像夷狄一样,华夏衣冠都无法保留。《管子》成书于战国,其中记录了大量齐桓公与管仲的对话。其中,管仲的治国方略、用人之道,对治国理政有积极的意义。

关于用人,《管子》书中提出三条基本原则:一曰德不当其位,二曰功不当其禄,三曰能不当其官。管仲认为,君主用人必须理顺三重关系,即德行与地位、功劳与俸禄、能力与官职,在高位者应是德高望重者;立下赫赫战功者应得到丰厚的物质奖励;能力不足者不应尸位素餐。

管仲将用人三条基本原则看做是国家治乱的根源,德行、功绩、能力是考察人才的三项指标,由此可知,管仲用人不看出身,考察的是个人素质。君主在用人时,尤其要注意,德不配位、功不当禄、能不当官,是用人大忌。

管仲在识人用人上,提出四点注意事项:一曰大德不至仁,不可以授国柄;二曰见贤不能让,不可与尊位;三曰罚避亲贵,不可使主兵;四曰不好本事,不务地利而轻赋敛,不可与都邑。

在具体的识人用人策略上,上位者对待以下四个问题应慎之又慎:一是不可以将国家大权委托给那些高谈道德却不能做到仁爱的人;二是不可以授予不能让贤的人尊贵的爵位;三是不可以任命执行刑罚偏袒亲贵的人统帅军队;四是不重视农业,不注重地利,而又轻视合理征收赋税的人，不可以任命为地方官。行政官、荣誉爵位、军事官、地方官，关乎国家的命运与前途，管仲言简意赅地概括了四种常见的用人误区，对我们现在用人仍有指导意义。

2. 郑子产的用人思想

郑国也是姬姓之国，但因地处晋、楚两个大国之间，在诸侯国争霸战中，常被波及到，苦不堪言。作为春秋时重要的国家，郑国也有位贤明的政治家——子产。子产是郑穆公的孙子，继任执政大夫后，推行土地改革，抑制土地兼并，铸刑书于鼎；"不毁乡校"，选拔优秀的人才参与政治。子产在用人方面，有独到的见解。

子产认为，用人唯才不唯亲。他曾说："人之爱人，求利之也。今吾子爱人则以政。犹未能操刀而使割也，其伤实多。"这句话的意思是，我们对深爱的人，所做的事要对他有好处。如果我们随意将政事交给他，就像是还没学会操刀就让他去割肉一样，实际上是害了他。

子产认为，用人应当能力与职位相匹配，要从实际出发，"譬如田猎，射御贯则能获禽，若未尝登车射御，则败绩厌覆是惧，何暇思获？"他用打猎比喻用人当选有丰富管理经验的人，那些常常打到猎物的老手可以打到很多猎物，而那些从未实践过的年轻人，很难有所收获。选人首要看中才能，是子产用人的核心思想。"子产之从政也，择能而使之"，这是子产从他的从政实践中总结出的经验。

3. 孔子的用人思想

孔子的用人思想，具有超越时代的意义。他提出"学而优则仕"，主张无论贫贱富贵，只要具备真才实学，就可以出仕。要知道，春秋时依然是贵族政治时代，许多诸侯国抱残守缺，任用贵族，使得人才流落他国。

孔子认为全面均衡发展的人才是人才（"志于道，据于德，依于仁,游于艺"),道、德、仁是道德范畴,而艺则是才华,济世之才应德才兼备。

孔子提出,考察人才的方法是"听其言而观其行"(《论语·公冶长》),即"视其所以,观其所由,察其所安",具体来说,就是要看他身边的人都是什么样的;看他如何达到目的,观察他在意哪些事情。

在用人上,孔子认为不应求全责备,一个人难免犯错,在举贤中"无求备于一人。"(《论语·微子》)"君子之过也,如日月之食焉;过也,人皆见之;更也,人皆仰之。"这对于今天选人用人同样具有意义。

4. 墨子的用人思想

墨家与儒学同为春秋时的显学,墨子的用人思想影响也很深远。

墨子认为,应尊重人才,用恰当的待遇礼遇人才(尚贤)。"譬若欲众其国之善射御之士者,必将富之、贵之、敬之、誉之,然后国之善射御之士,将可得而众也。况又有贤良之士,厚乎德行,辩乎言谈,博乎道术者乎! 此故国家之珍而社稷之佐也,亦必且富之、贵之、敬之、誉之,然后国之良士,亦将可得而众也"(《墨子·尚贤上》第二节)。这段话是墨子用人思想的精髓,他认为如果想选拔善于射箭驾车的贤德士人,就必须让他们富贵,使他们得到尊重,多赞扬他们。这样,就可以得到国内众多善于射箭驾车的优秀人才。贤德士人德高望重,能言善道,能传授博学的知识,他们是国家的珍宝,应该让他们在物质、精神上都得到满足。这样一来,优秀人才就会越来越多。

在选人方面,墨子认为应选用德才兼备的人才,要善于早发现、早物色好苗子,长期培养教育,更重要的是,要把人才放在恰当的、能发挥其优势特长的岗位上。他还提醒上位者,凡是有才能的人都有个性,因此对人才要"以德就列,以官服事,以劳殿赏,量功而分禄"。(以品德的大小安排职位;以官职安排事务;以辛劳的程度来确定奖赏;根据功劳大小发放俸禄。)

在用人方面,墨子提出应对以权谋私的贪官污吏要及时严加惩罚,绝不姑息。"故古者圣王甚尊尚贤而任使能,不党父兄,不偏富贵,不嬖颜色。贤者举而上之,以为官长;不肖者抑而废之,贫而贱之,以为徒役。"(《墨子·尚贤中》)。意思是,古代的圣王在选人任人时明确规定:不得偏袒父亲兄弟,不贪恋富贵,不近美色。推举贤德士人出任高位,担任行政长官;撤换掉无德无才之人。奖善罚恶,是选拔任用贤德士人的方法。

春秋时代思想家的用人思想表

人物	观点概述	原文摘要
管仲(约前723年—前645年),齐国宰相,辅佐齐桓公成为春秋首霸	识人三本:德行、功劳、能力应与地位、俸禄、职位相匹配	用人三忌: 德不当其位 功不当其禄 能不当其官
	用人四要:居高位者要有实绩、有胸怀、处事公正与有实学	大德不至仁,不可以授国柄 见贤不能让,不可与尊位 罚避亲贵,不可使主兵 不好本事,不务地利而轻赋敛,不可与都邑
子产(?—前522年)郑国卿士,政治家、思想家	唯才不唯亲	人之爱人,求利之也。今吾子爱人则以政。犹未能操刀而使割也,其伤实多
	能力与职位匹配	譬如田猎,射御贯则能获禽,若未尝登车射御,则败绩厌覆是惧,何暇思获
孔子(前551年—前479年)儒家学派创始人	用人重学识	学而优则仕
	德才兼备	志于道,据于德,依于仁,游于艺
	考察人才论实绩	听其言而观其行
	不求全责备	君子之过也,如日月之食焉;过也,人皆见之;更也,人皆仰之

墨子,名翟,春秋末期宋国人,墨家学派创始人	尚贤,礼遇人才	此故国家之珍而社稷之佐也,亦必且富之、贵之、敬之、誉之,然后国之良士,亦将可得而众也
	合理使用人才	以德就列,以官服事,以劳殿赏,量功而分禄
	奖善罚恶	故古者圣王甚尊尚贤而任使能,不党父兄,不偏富贵,不嬖颜色。贤者举而上之,以为官长;不肖者抑而废之,贫而贱之,以为徒役

第二节　春秋时期的用人制度与实践

春秋时期,世袭依然是选官用人的主流,但因为诸侯国崛起,对人才的需求越来越多,锐意进取的诸侯国君选人用人从看中身份转为重视能力与品格,掌握治国方略的士人成为诸侯国君的座上宾。只要是有名的士人,都可以通过荐举、游说、军功、吏胥等途径进入朝堂。

一、任人唯名:世卿世禄制与荐举双轨的选人制度

春秋时,大诸侯国登上政治舞台。国君们都意识到,选贤任能是国家富强的关键,如齐桓公、晋文公等霸主,身边都有名臣辅佐。《管子》中记载:"夫霸王之所始也,以人为本",讲的就是管仲任相期间,在齐国推行"三选之法",就是乡选、臣选及君选的逐级推荐机制。通过层层推举,让出身不高的贤能人才出仕做官。

1.尊贤尚功取代任人唯亲的选人原则

"士贵王不贵",由于贵士(尊重人才),齐国招揽了大批人才,齐桓公最终能"九合诸侯,一匡天下",成为一代霸主,于是尊贤尚功成为齐国的用人方略。齐桓公尊贤并且大为成功的案例激励着后来的

诸侯国国君：只有用人得当，就可以号令诸侯！

春秋时，士人流动更为频繁，尤其是地处蛮荒的秦、楚、吴等国，对人才的渴求更为强烈。辅佐国君的重要职位开始向下、向外放开，客卿、家道中落的士人都有机会成为诸侯国的宰相。

秦穆公当政后，广揽贤才，他希望声名在外的士人都能为己用，秦国当时的名臣百里奚、蹇叔等人，都是有名的贤人，而且他们都不是秦国人。

楚庄王主政后，意识到人才的重要性（"能得其师者王，能得其友者霸"），四处求贤，将楚国有名的贤能士人请到身边：他起用隐于田间的孙叔敖、地方小吏虞丘、善射军士养由基。君臣励精图治，楚庄王才得以成就霸业。辅佐楚庄王的重臣，都是家道中落、才智过人的底层士人。

吴王阖闾重用楚国人伍子胥、齐国人孙武，改革军事，建筑城郭，打败楚国，并积极与中原华夏诸侯交流。吴国恢复华夏衣冠典章，国力强大后，重新被中原诸侯接纳，并视作华夏诸侯的一部分。

孙武给吴王阖闾讲用兵之道时强调用兵之道中的关键是庙算。《孙子兵法》有："此兵家之胜，不可先传也。夫未战而庙算胜者，得算多也；未战而庙算不胜者，得算少也。多算胜，少算不胜，而况于无算乎！吾以此观之，胜负见矣。"这段话讲的是，诸侯国之间争霸，战争的胜负只是表面，根本上还是要比较各国的治理能力，国家的财力、人力、动员能力、执行能力是战争输赢的根本要素。这是宏观的庙算。具体到每一场战役，未战之前就能预料取胜的，是因为筹划周密，条件充分；未开战而估计取胜把握小的，是由于具备取胜的条件少。条件充分的取胜几率大，准备不充分的就会失败。君主身边有懂得庙算的人才，国家就强盛，反之，朝堂上都是尸位素餐者，国家就会衰亡，此即所谓"观贤哲在位，则卜其将兴；见冗员浮杂，则知其将替"。

春秋时,贤明的诸侯国君,选人不再看重家世,而是看重能力和战功。有贤名或才名的士人,就有可能被擢拔为国君身边的朝臣。《孟子》中有:"左右皆曰贤,未可也;诸大夫皆曰贤,未可也;国人皆曰贤,然后察之;见贤焉,然后用之。"这段话正反应了春秋时代诸侯国选人的共识:国人都说人好,这个人才是真的好。有了好名声,就有了入仕的资格,选入官署,经过一段时间"试用"(即"察"),如果的确是名副其实的人才,则提拔他。

2.春秋时官制

东周时,周王室及诸侯国的官制已经相当完备,三公、师保依然是重要的勋位,宰(各诸侯国称呼不同,如楚国称"令尹")总管政务,又有六卿分属,管理国家政治、经济、司法等重要国政。大体职官设置如下图。

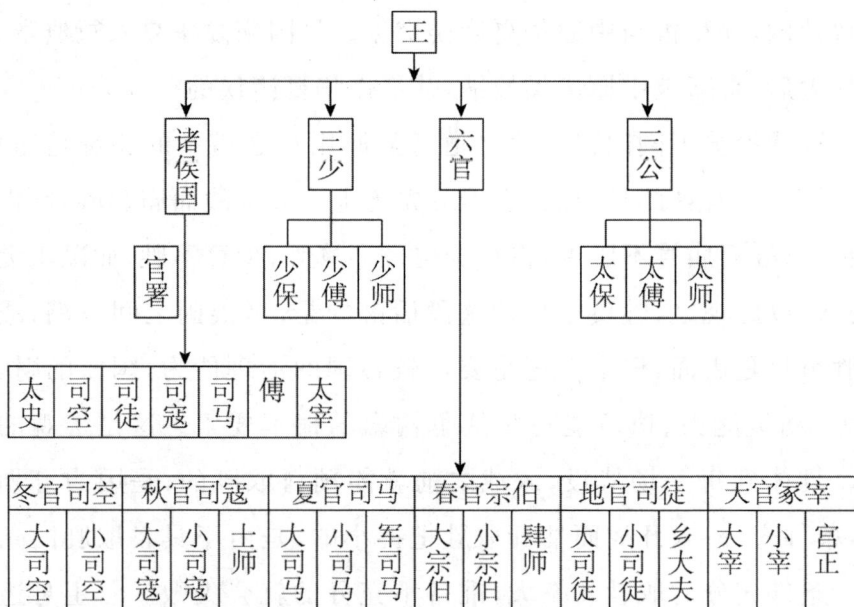

冬官司空		秋官司寇			夏官司马			春官宗伯			地官司徒			天官冢宰		
大司空	小司空	大司寇	小司寇	士师	大司马	小司马	军司马	大宗伯	小宗伯	肆师	大司徒	小司徒	乡大夫	大宰	小宰	宫正

东周职官设置

3. 春秋时的监察

诸侯国对官员的监察,也有了相对成熟的方法。各诸侯国用礼法、刑德、赏罚、爵禄和诛杀等多种手段来管理官员,周王室、各诸侯国中的司寇、御史等职,即负责监察官员。

春秋时,一些诸侯国尚有上古民主遗风,如郑国有"乡校"。乡校不是学校,而是士人聚集在一起议论政治的地方。如果诸侯、大夫有行为不当的地方,士人们可以议论批评。《左传》记载了郑国贵族对乡校的两种态度:

郑人游于乡校,以论执政。然明谓子产曰:"毁乡校,何如?"子产曰:"何为?夫人朝夕退而游焉,以议执政之善否。其所善者,吾则行之;其所恶者,吾则改之。是吾师也,若之何毁之?我闻忠善以损怨,不闻作威以防怨。岂不遽止?然犹防川也:大决所犯,伤人必多,吾不克救也;不如小决使道,不如吾闻而药之也。"

郑国人茶余饭后喜欢在乡校谈天说地,议论政治。郑国公卿然明向子产建言,毁掉乡校。子产反对,他认为百姓在乡校议论施政得失,百姓喜欢的,官员就抓紧办,百姓不喜欢的,官员就改正。他进一步讲了毁乡校的弊端,尽力做善事能减少怨恨,摆威风是无法平息百姓的怨恨的。国内的舆论,就像堤坝,河水若大规模溃决,伤害的人必然多,这种情况,救援也无济于事,还不如开个小口疏通河道。官员应当把百姓的议论当作治病的良药。

4. 育人:官学衰落,私学兴起

周平王东迁后,因为战乱频仍,各诸侯国的国政重点都放在如何扩大势力,无暇顾及教育,天子的辟雍、诸侯的泮宫、地方的乡校,都难为维持。此时,周王室亦无力控制天下,原有的等级制度崩溃,礼制也受到了根本性的破坏,以礼乐为核心的教学内容更缺少了实用价值,于是官学逐渐衰落。

官学虽然衰微,但诸侯国对人才的需求却很大,于是,以孔子、墨子为代表的一批新型知识分子就开展新的办学形式,创办私学、传播知识。

春秋时期,许多贵族由于政治斗争失败而流亡他地,如周惠王、周襄王争夺王位,世代掌管周史的太史离周去晋。周景王死后,王子朝争夺王位失败,率领一批贵族及百工,携带王室所藏文献典籍逃到楚国,这就造成"天子失官,学在四夷"的局面,而这些没落贵族也为民间带来了知识。他们成为第一批师者。新兴的"士"阶层熟悉西周王朝典章制度,熟练掌握周礼仪式的操作流程,他们将周礼带到了民间,使更多平民有条件通过学习知识,实现阶层流动。

春秋时的私学,对春秋时代乃至后来战国时代人才辈出有积极的影响。

首先,私学使得春秋时受教育的对象由贵族扩大到平民。以孔子为代表,他提出"有教无类",并付诸实践。孔子有弟子三千,门人七十二人,他因弟子众多,名声大,也受到了诸侯的礼遇。

其次,私学盛行打破了官师合一的旧官学教育体制,私学的教师既可以是儒家,也可以是墨家;只要是有知识技能的贤士,都可以讲学,教师可以自由讲学,学生也可以自由择师。在教学内容上,春秋时,私学讲授的内容不再局限于"六艺"范围。各家各派都可以自由传授自己的政治、道德观点和知识、技能。如墨子讲授的内容,就有许多自然科学方面的知识。

二、秦穆公换回五羖大夫:春秋诸侯争霸求贤的典型案例

春秋五霸之一秦穆公胸怀大志,却苦于无良才辅佐。这天,穆公又在朝堂询问求贤之事,大臣公孙枝向他举荐了百里奚。

秦穆公立刻提出用重金延聘百里奚。公孙枝向穆公介绍了百里奚的遭遇。百里奚不是秦国人,他与管仲一样,也是没落的姬姓贵族,早年周游六国后,辗转到虞国担任大夫。晋国灭虞后,百里奚随虞侯一起做了晋国的俘虏。秦穆公与晋献公联姻,晋献公将百里奚作为女儿的陪嫁一并送往秦国。百里奚半路逃跑,又被楚国人抓获,在楚国养牛。

公孙枝对秦穆公道:"楚王一定不知道百里奚的才能,才让他养牛。倘若您用重金赎他,岂不是告诉别人,百里奚是能堪大任的人才,那时,楚王肯定不会放人。"

后来,公孙枝建议秦穆公反其道而行,用一个奴隶的价格,也就是五张黑公羊皮来交换百里奚,这样楚王就不会怀疑了。百里奚后来也被人们称为五羖大夫。

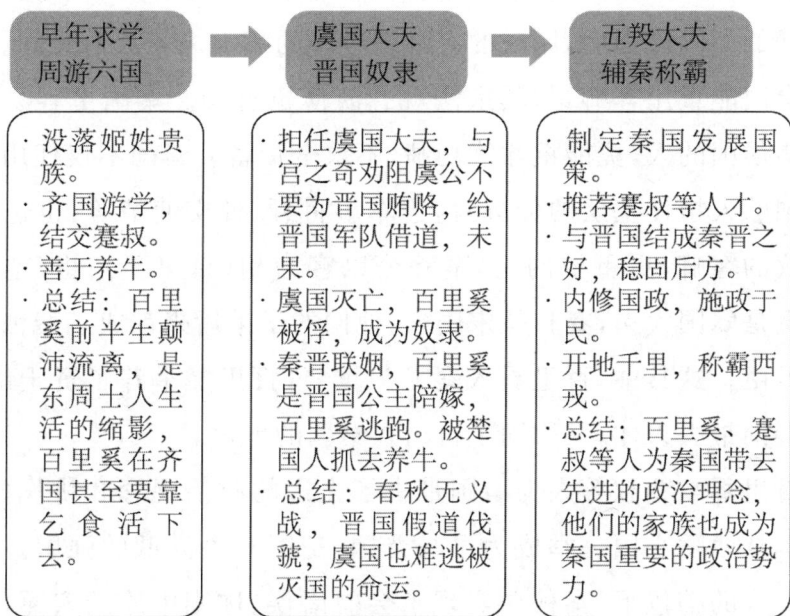

早年求学 周游六国 →	虞国大夫 晋国奴隶 →	五羖大夫 辅秦称霸
·没落姬姓贵族。 ·齐国游学,结交蹇叔。 ·善于养牛。 ·总结:百里奚前半生颠沛流离,是东周士人生活的缩影,百里奚在齐国甚至要靠乞食活下去。	·担任虞国大夫,与宫之奇劝阻虞公不要为晋国贿赂,给晋国军队借道,未果。 ·虞国灭亡,百里奚被俘,成为奴隶。 ·秦晋联姻,百里奚是晋国公主陪嫁,百里奚逃跑。被楚国人抓去养牛。 ·总结:春秋无义战,晋国假道伐虢,虞国也难逃被灭国的命运。	·制定秦国发展国策。 ·推荐蹇叔等人才。 ·与晋国结成秦晋之好,稳固后方。 ·内修国政,施政于民。 ·开地千里,称霸西戎。 ·总结:百里奚、蹇叔等人为秦国带去先进的政治理念,他们的家族也成为秦国重要的政治势力。

百里奚履历

百里奚来到秦国。秦穆公亲自迎接,当他见到眼前这位白发苍苍的老翁时,不禁流露出失望的表情。百里奚看出秦穆公的顾虑,他对秦穆公说:"姜子牙八十坐钓渭滨,姬昌访贤,拜为尚父,辅佐周武王、文王、成王三代。与他相比,我还很年轻!"

秦穆公与百里奚谈论国事,数日不眠不休,几天后,秦穆公拜百里奚为太师。百里奚向秦穆公推荐了一批各诸侯国有治国之才而尚未出仕的人,从此,秦穆公的朝堂之上,人才济济。秦穆公求百里奚于楚,迎蹇叔于宋,取由余于戎,求丕豹、公孙枝于晋,外又有内使廖、随会等人。孟明视、西乞术、白乙丙,则又百里奚及蹇叔之子也。

清儒洪亮吉指出:"春秋时,列国皆用同姓,惟秦不然,见于经传者,亦不过数人,公子絷、小子憖、公子铖、公子士雅等是也。至好用外国人,则亦自穆公启之。"

秦国爱用客卿,有其客观原因。秦国地处西陲,相对姬姓之国,教育落后,人才缺乏。而姬姓诸侯国子弟众多,竞争激烈,许多像虞国这样的小国被灭后,原来的有治理经验的卿大夫就流落民间。

秦国能重用客卿,与其宗法观念淡薄也有关。秦国更容易接纳其他诸侯国的人,更能重才能功绩、不求全责备。秦国不仅任用其他诸侯国的人担任基层的庶务官,连军事将领、外交使节等,也选用了懂礼仪的客卿,更重要的是,秦穆公以客为相(百里奚)、将(蹇叔)。百里奚是虞国大夫,蹇叔是宋国人,他们的子弟后来都成了秦穆公称霸的重臣。这其中,百里奚入秦尤为重要,百里奚举荐了贤士能人,既为秦国带去人才,又稳固了自己在秦国的地位。

百里奚与蹇叔等人为秦国带去了先进的政治观念和耕作技术,使秦国从西陲小国一举成为可与晋国、楚国一争高低的强国。在百里奚等人的辅佐下,秦穆公实现了会盟诸侯、称霸中原的宏愿,为以后秦国兼并六国、统一中国,奠定了坚实的人才基础。

秦国对他国人才"委国而听之不疑",没有丝毫猜忌和防范。在学而优则仕的士人看来,秦国对其他诸侯国的贤能之士有巨大的吸引力。从秦穆公以后，各国人才源源不断入秦，为秦国政治、经济、军事全方位的持续发展作出了巨大的贡献。

第三节　春秋时期用人略评

春秋时，贵族政体渐次崩坏，"世卿"家族中的许多子弟变成了游士；早先做官有学识的人，因灭国而变成平民，民间有知识的人逐渐增多。与此同时，贵族能用的人却逐渐减少，有志向的诸侯国君只能起用游士。没有世家背景的士人，"贤名""才名"成为他们走向仕途的敲门砖。"礼乐崩坏"的另一个后果是诸侯国公卿大夫势力可以与君主抗衡，争权夺利的结果是，春秋时代"弑君三十六，亡国五十二"，那些依然掌权执政的世卿手握兵权，内乱成为各诸侯国的常态。西周初的政治理念是"不弑君，不灭祀，不杀民"，到了春秋时期，弑君、灭祀、杀民都成了家常便饭，天下失序，下克上成为春秋战国时代的常见剧情。

一、春秋时期用人的成功经验

西周以宗法制立国，到了东周，诸侯国可以通过代天子征伐，由千乘之国变为万乘之国。争强之国，必先争谋，争谋的关键是争夺人才。春秋时期用人由任人唯亲变为任人唯名，使得更多出身相对低下的人有机会施展才华；那些懂得变通、宗法观念相对薄弱的诸侯国，因选人用人不再恪守世卿世禄旧规，引入内政外交方面的人才，由弱国变为强国。

春秋争霸的诸侯们都有一个共同特点，他们会选与自己的政治目标一致的人才，君臣亦能勠力同心，不论是君主犯错，还是大臣有缺点，彼此都能做到不求全责备。因此，春秋时能够称霸的诸侯国君,身边都人才济济。

现代管理学研究表明,在一个组织内部,推动决策最有效的方法,常常是支持那些拥护这些决策并能够执行决策的高级官员。拥护决策的官员,能高度忠诚于制定决策的高级官员。因此,高级官员会发展下层支持者,使高级官员能实现其认为有价值的决策。

齐桓公与管仲的合作便是上述论说的有力注解,齐桓公与管仲为了同一个政治目标,首先延揽了志向相同的贤士,《史记》记载,齐桓公与管仲、鲍叔牙、隰朋、高傒等贤臣组成了齐国的政治核心,"修齐国政,连五家之兵,伸轻重鱼盐之利,以赡贫穷,禄贤能,齐人皆说"。

齐桓公能成为春秋首位霸主,还应感谢先祖姜太公。姜太公是齐国先祖,齐国与东夷杂处,且东临大海,天然有鱼盐之利。《史记》记载:"太公至国,修政,因其俗,简其礼,通商工之业,便鱼盐之利。而人民多归齐,齐为大国。"姜太公到封国后五个月便回王都复命,周公向他请教如何选拔人才。姜子牙说,不拘一格选拔人才,不考虑他的出身、家世,只看重他的能力。鼓励人才之间的竞争,然后选择最强者帮助我的子孙治理国家。

宗法观念同样淡薄的秦国,在用人方面也能做到不考虑出身、家世,唯才是用,秦国也因此逐渐强盛起来。

二、春秋时期用人的弊端及教训

在理想的管理体系下,选贤任能能最大限度发挥人才的积极性,但是在世袭制背景下,任用豪杰也有风险。当管仲死后,齐桓公就像失去大脑一样,于是齐国的政治一团糟。按照西周宗法礼制,选立继承人应按照立嫡立长的原则,可是齐桓公却听信小人谗言,废长立幼,导致齐国陷入五子乱斗的乱局。病重的齐桓公被关在宫殿中,无人照管，竟至活活饿死，令人唏嘘！

齐桓公的悲剧反映了强人政治的弊端：一旦权威离开，又没有宗法制度约束，组织就会陷入内耗，直到下一个强人出现，拨乱反正，如此循环反复。

谨守宗法制度的诸侯国则越来越弱。以鲁国为例，宗亲执政导致人才凋敝，掌政的大夫可以与诸侯国君抗衡，甚至可以操纵国君废立。由于执政者都是世卿子弟，因而内乱不断，终于在第三十四代的鲁顷公时被楚国灭亡。鲁国不是没有人才，孔子就是鲁国人，孔子的弟子也都是当时名声大噪的精英，是许多诸侯延聘的对象。但由于鲁国重用宗室，没有大贵族背景的孔门弟子便不能得到重用。

春秋时代，人才流出最多的是宗法观念浓厚的楚国。当时，流传一种说法，楚才晋用，即重视宗法、被掌权者排挤的楚国人才，都到宗法观念淡薄的晋国了。楚国流失的重要人才有析公、屈巫、雍子、贲皇等，以上这些都投奔了晋国，并在晋楚争霸的战争中，帮助晋国打败了楚国。从楚国出走的最有名的当属伍子胥，他逃到吴国，向吴王举荐能人，帮助吴王训练军队，最终带领吴军打败楚军。

任人唯亲	任人唯名
优势：有章可循、统治阶层较为稳固，被异姓贵族取代几率小。	优势：选贤任能，将帅都是君主亲自挑选任用，目标一致，国力日强。
劣势：官位被大贵族垄断，人才被排挤，国力日衰。	劣势：权威之后，容易陷入内乱，会被其他家族取代。

两种用人机制比较

春秋时期，周王室衰微，诸侯崛起，人才成为诸侯国强盛或衰弱的关键因素。"贵士"是春秋列国有识之士的共识,由从宗亲中择选变成从天下游士中优选,选才范围扩大后,管仲、百里奚等仅有名声而没有家世地位的肱股之臣才能得到任用。春秋选人用人的弊端是选人具有随机性,没有形成制度化的人才任用机制,当权威去世后,留下的权力中心无人能够填补,在盛极一时后,会陷入内斗。因此春秋霸主总是轮流坐庄。到了战国时代,秦国对其国政进行了彻底变革,在用人方面也较其他诸侯国更为务实,进而最终灭掉六国,统一天下。

任人唯功

集权国家初具规模的战国

第三章

战国(公元前 475 年—前 221 年)因史籍《战国策》得名。这段时期,周王室更加衰微,诸侯国数量急剧减少,公元前 221 年,秦国灭齐国,统一六国,战国时代结束。战国是中国历史重要的转折期,其中最重要的变化是战国主要大国都实现了由贵族世官制到官僚组织的集权国家的转变,由于制度发生了根本性变化,战国的用人思想与用人实践也出现了新的变化——任人唯功是战国时期用人的最大特点。

第一节　战国时期的用人思想

战国是大变革时代,战国七雄的国君都重用能人,开始变法图强。齐、魏最早开启社会改革,之后,秦国经过商鞅变法,后来居上,成为战国后期最强盛的国家。楚国疆域最大,土地肥沃,但楚国改革失败,楚王任用奸佞,国力日衰。战国时,百家争鸣,儒家、法家的重要思想家都有各自的用人理念。

一、通过变法,诸侯国从贵族政治走向集权专制

战国时期人口大约在两千万以上,公元前 249 年,战国七雄面积合计约为 218 万平方公里。其中,楚国在南,赵国在北,燕国在东北,齐国在东,秦国在西,韩国、魏国在中间。各诸侯国图强求存,有为的诸侯国君延揽人才,通过变法和改革,走上富国强军之路。为了争夺人口、土地与资源,战国七雄在军事与外交领域展开激烈竞争,为了争夺人才,各国都流行养士,这时,即便是鸡鸣狗盗之徒,都有用武之地。

战国时期概况

经济	铁制农具和牛耕出现并得到推广,耕地扩大,人口增长;井田制废除,土地私有制确立
内政	卿大夫掌国政,世卿世禄制度逐渐被官僚制度取代
军事外交	争霸与兼并战争频繁,国与国之间交往频繁
思想文化	民间办学兴盛;百家争鸣

战国时期,变法与改革是大势所趋。从春秋开始周礼已经完全崩坏,到了春秋晚期,诸侯国握有实权的是卿大夫,如鲁国三桓、齐国

田氏、晋国六卿,控制国政甚至掌握国君废立,互相争斗不休。晋国被韩、赵、魏三家瓜分;田和废除了齐康公,自立为国君。下克上的现实提醒战国诸侯要尽快适应强者生存、弱者淘汰的残酷政治法则。

最早开始变法的是魏文侯。公元前445年,魏文侯继位,他招揽了一大批人才。他启用魏成子、翟璜、李悝、乐羊、吴起、西门豹等人,其中李悝、吴起主持变法,意义尤为重大。魏国的变法首先推行"食有劳而禄有功"的国政,即根据功劳和能力选拔官吏,废除世卿世禄制度,建立郡县制,以官僚制度取代分封制。李悝作《法经》,以成文法取代礼法制。在经济方面,推行尽地力之教;实行平籴法。吴起对魏国的军队进行了彻底改革,创建"武卒"。

魏文侯变法有效地打击了旧制度,增强了国力,使魏国迅速崛起,"秦兵不敢东向",魏国成为战国前期强大的国家。魏惠王将国都迁至大梁,他招徕士人,发展水利,对外用兵。与魏国相邻的齐国见贤思齐,也开始进行改革。

齐威王任用邹忌,整顿吏治,鼓励臣民进谏,招抚流民,发展工商业,齐国本来就有鱼盐之利,国家很快富强起来。公元前341年,齐国与魏国在马陵展开会战,齐国任用田忌为将军,孙膑为军师,大败魏军。从此,齐国成为当时最强的国家。

为了招揽人才,齐宣王扩建了临淄的稷下学宫,出资资助稷下学者,不论是从哪个国家来的学者,都给予优厚俸禄和舒适的生活待遇,让他们讲学授徒。

列国中,改革最彻底的是秦国。公元前350年,秦孝公任用商鞅进行变法。商鞅变法的主要内容有:

(1)废井田,开阡陌。废除旧的封疆阡陌,重新规划,鼓励百姓开垦田地,重新划定田地界线,保护私有田产,因而产生了大批的自耕农和地主。

(2)奖励军功,禁止私斗。新法规定,凡是有军功的,都可以得到赐爵、赐地、赐官的奖赏。严格禁止私斗,违犯的各以轻重施刑,以此鼓励人们为国家作战,形成了"民勇于公战,怯于私斗,乡邑大治"的局面。

(3)重本抑末,奖励耕战。将农业称为本业,把商业和手工业称为"末业"。商鞅新法规定对努力经营农业者免除赋役,而对从事商业或怠惰以致交不起租税的,没收为官奴婢。

(4)推行郡县制。商鞅新法规定:万户以上县设令,不满万户的设长,俸禄由三万石到一千石不等,在县令、长以下设丞等,官吏领取国家俸禄,国君有权任免。

商鞅变法使秦国成为战国中期以后最强大的国家。

魏文侯改革

李悝变法:以"食有劳而禄有功"为国政;废除世卿世禄制度,建立郡县制;作《法经》;实行平籴法。

吴起对魏国的军队进行了彻底改革,创建"武卒"。

齐国的改革

齐威王改革:整顿政治;鼓励臣民进谏;招抚流民,发展工商业。

齐宣王改革:扩建稷下学宫,延聘名师,聚集人才。

商鞅变法

废井田,开阡陌。

奖励军功,禁止私斗。

重本抑末,奖励耕织。

推行郡县制。

魏、齐、秦国变法概述

除了魏、齐、秦外,楚国任用吴起改革国政,韩国有申不害改革内政,赵武灵王推行胡服骑射,燕国用乐毅变法,列国经过变法后,贵族特权渐次破除,保护平民的法律建立了起来。除少数诸侯国(楚)之外,其他强国都建立了新型的集权专制政府,由分工明确的官僚组织作为统治工具,其组织系统以相与将为首脑,中下层官吏也各司其职。

战国中期,"国无宁日,岁无宁日""邦无定交,土无定主"。战国七雄一方面加强中央集权,改革内政以图强;另一方面,在外交上以"合纵""连横"结交盟友,对抗强国。

战国后期,秦昭襄王任用范雎为相,采用了"远交近攻"之策,破坏了各国的"合纵",因而秦国成为第一强国。

二、战国时期的用人思想

战国时,"得士者昌,失士者亡"成为共识,尊重贤才、礼贤下士成为各诸侯国人才竞争的一种策略。在百家争鸣、思想自由的战国时期,许多思想家对选拔人才与治理国家的关系都作过论述。

1. 儒家的用人思想

被称为亚圣的孟子,其学说与孔子一脉相承。在用人方面,孟子的主要观点有:

(1)"尊贤"是治国之本。孟子告诫君主,"不用贤则亡","不信仁贤,则国空虚"。他认为任用"贤才"是国家存亡的根本,任用"贤才",会形成天下之士纷纷来投的良性循环。

(2)孟子反对世袭制,主张不论身份地位,应将有才能的人提拔上来,经过层层考核,通过实践考察,再委以重任。在选拔人才时,应注重在实践中考察,这是比较先进的用人观。

(3)孟子认为人人都可以成为"尧舜",仁义礼智,不是由外部加到主体身上的，是人天生就有的。人人都可以成长为有用之人。如何成为大才，孟子提出磨炼出人才。"故天将降大任于斯人也，必先苦其心志，劳其筋骨，饿其体肤，空乏其身，行拂乱其所为，所以动心忍性，曾益其所不能。"（《孟子·告子》下）孟子还说："人恒过，然后能改。"他特别重视在实践中不断修正、自省，总结经验教训，然后成熟起来。这些关于个人成长的道理，到现在依然适用。

（4）在成才方法上，孟子提出"养气"说。"我善养吾浩然之气"，所谓"浩然之气"，即"至大至刚，以直养而无害，则塞于天之间。""气"要靠"道义"支撑。"义""道""志"，是指人的崇高理想，远大志向，没有这些，也就没有"气"了。

孟子的人才观尤其是有关个人修养方面的论述，具有超越时空的价值，在急功近利的时代，人们往往只关注眼前的路，而忽略更深远的人的价值，这时，孟子关于"养气""道义"的论述，尤其重要。

另一位儒家的代表人物荀子，曾在齐国稷下学宫游学，他在齐国以教授"帝王学"闻名，李斯与韩非是荀子最有名的弟子。荀子的用人思想同样与孔子一脉相承。

在选用人才上，荀子主张尊圣贵贤，他认为尚贤使能是立国之要，国君只有"隆礼尊贤"，才能称霸为王。在战国时代，任用贤人事关存亡，"尊圣者王，贵贤者霸，敬贤者存，慢贤者亡，古今一也。"

荀子提出"论德而定次，量能而授官"的方针，唯才是举，公平竞争。他提倡政权开放，实现社会阶层的上下流动，在《荀子·王制》中，他说："贤能不待次而举，罢不能不待须而废。""王者之论：无德不贵，无能不官，无功不赏，无罪不罚。"他反对以身份定尊卑，如果是不懂得治国之道的王公士大夫子弟，就该成为普通人。平民子弟，如果通过学习,懂得治国之道,品行端正,则可以成为卿相士大夫。荀子的用人思想代表了战国时代底层士人的心声。

2.法家的用人思想

韩非是战国时法家思想集大成者,他结合了法、术、势三家观点,发展出"法术势合"的理论。在用人方面,韩非与尚贤的儒家不同,他的观点带有浓厚的实用主义和功利色彩。韩非明确反对"举贤""用贤"的观点,他主张"依法用人"。

《韩非子》提出:

"人主有二患:任贤,则臣将乘于贤以劫其君;妄举,则事沮不胜。故人主好贤,则群臣饰行以要群欲,则是群臣之情不效;群臣之情不效,则人主无以异其臣矣。"

韩非从现实角度出发,他发现"任贤"与"妄举"往往是一体两面,群臣容易以君主"任贤"的心理,推举不合适的人。"任贤"侧重于道德,巧言令色之徒可以通过"造势"或"做秀"成为"贤人",实际上并没有真才实学。"依法用人",即严格地依法度而行。韩非提出"明主立可为之赏,设可避之法"。赏罚都要有可操作性。

韩非强调在"用人"时依"法术"而去"心治",依"规矩"而去"意度",不在其中掺杂个人主观好恶。在具体的选人用人方法上,韩非提出七条方针:(1)从多个方面观察验证下级的言行;(2)必罚明威,对犯有罪行的人要坚决惩罚,以显示制度的尊严;(3)信赏尽能,对有功之臣的赏赐一定要兑现;(4)一听责下,让下级单独发表言论;(5)疑诏诡使,发出可疑的命令,使出诡诈的手段,以观察下级是否对自己忠诚;(6)挟知而问,把已经知道了的事情再拿出来询问下级,以测试下级的言论是否诚实可靠;(7)倒言反事,说与本意相反的话,做与本意相反的事,试探下级是否有奸情。

韩非的用人思想需要我们辩证来看,赏罚得当被后世证明确实是正向鼓励人才的方法,而通过使诈试探下属,往往容易弄巧成拙,造成君臣离心离德。

第二节　战国时期的用人制度与实践

动荡的战乱时代,用人得当是国家强盛的基石。战国时期,一国的将相不但决定着本国的内政,还关系到与诸国之间的关系。战争与外交是这个时代的主旋律。此时,集权的官僚组织已经基本成型,将与相的分野开始明确,符信制、俸禄制、监察制,都是这个时代用人管理的新制度。战国四公子养士就反映了战国时代储才、用才、养才以应对战争与外交。

一、战国时主要诸侯国的用人制度

战国时代,诸侯国通过变法,建立了新的官僚体制,削弱贵族议政的势力,将国家的权力集中到国君手中,此后两千多年的中央集权官僚制度的雏形,就是此时确立的。

1.中央官制

战国七雄的官制大同小异,不同于春秋时代,战国时代文官与武将已有分工,"相"和"将"分别代表了文官与武官两个职能集团。

"相"是辅佐国君处理军政大事的长官。"相"有不同称谓,《庄子·盗跖》称宰相,《战国策·赵策三》称丞相,都是同一官职。关于"相"的职权,《荀子·王霸篇》中概括为:

"列百官之长,要百事之听,以饬朝廷臣下百吏之分,度其功劳,论其庆赏,岁终奉其成功,以效于君,当则可,不当则废。"

战国最早设相的是魏,之后是韩、赵。商鞅由魏入秦,始为左庶长,后升大良造,他的地位相当于相邦,所以史称"商鞅相秦"。

"相"以下设置分掌各种具体事务的官吏,有主管民政、军事和工程事务的司徒、司马和司空,有管理刑罚和辞讼的司寇或司理,还有专管农业、手工业、山林资源的司田、工师、虞师等官。

战国时代,相及其下的行政机构官员多由文人担任。相之外又专设擅长兵法的人统兵打仗,即将(或称将军)。春秋时,卿大夫统领行政、用人,还握有兵权。到战国时,兵制发生了变化。

战国时代,各国为了应对频繁的争霸战争,以郡县为单位实行征兵制,此外还建立了常备兵制。早在春秋末年,诸侯国已有奉养力士和挑选训练勇士的风气。到战国时,战争规模不断扩大,许多农民参军,并通过军功获得爵位。军队组成更为复杂,武官的统领为将。其职位仅次于相。

除了相与将,御史也是非常重要的中枢职位。在战国时,御史一般相当于国君秘书,尤其是在涉外场合,当别国使臣来献国书,由御史接受,国君临朝接待外宾,御史常在身边。

2.地方官制

春秋初年,秦、晋、楚等大国将新兼并的地方设为县。春秋后期,晋国将县制推行到内地。在卿大夫的领地里也分别设县。

郡最早设在新取得的边地。到战国时,边地逐渐繁荣起来,人口增多,便在郡下划分若干县,由此产生了郡、县两级地方组织。这种郡统县的制度,最先由三晋推行,后来秦、楚、燕三国也效法三晋的郡县制度。

分封制与郡县制的区别

	分封制	郡县制
中央官制	世卿世禄	集权的官僚组织
与中央关系	诸侯国有很强的独立性	地方行政机构,服从中央
官吏职权	有行政管理权,有独立的武装,对土地有管理权	有行政管理权
是否世袭	是	否
官吏权益	拥有封地和爵位	只有俸禄

　　郡的首领称为"守",亦称郡守、太守。郡守是由国君直接任免的,一般由武官充任,有权征发本郡役卒。代行或试用期的郡守称假守。郡的署衙称府,郡守以下设有主管军务的都尉以及负责监察的御史。战国时,有的诸侯国还在边远地区和王宫设置道和都。级别相当于郡。

　　县的组织结构由县令、县丞、县尉、县司马、县司空组成。县令是县一级最高的行政长官,下属官包括令史(帮助县令掌文书,调查案件,率卒捉拿人犯等)、县丞(分管经济和司法,包括粮草的征收和亲自审问案件)、县尉(分管县内军务,有权发一县役卒,监督役卒服役和督造文书等)、县司马(掌管马政)、县司空(主管工程建筑、刑徒)。在县之下有乡、里、聚(村落)等组织。此外,战国时代还有"亭"的设置。

　　战国时期各国的统治机构已初具规模,从国都到郡、从郡到县、从县到乡,已形成系统的管理体系。通过完备的层级管理制度,能将国君的指令传达到基层。

　　综上所述,战国时的官制可以概括为"官分文武、君之二术"(《尉缭子·原官》),中央设置由国君直接任免的辅相和将军,并由他们负责统帅文武百官。在地方置郡县,同样由国君亲自任免长官,镇守国土、治理民众。

二、战国时期的选人、用人与育人

1. 战国时的人才擢选

战国时代,各诸侯国求才若渴,国君搭建黄金台招募人才,也有千金市骨为求才制造舆论。到了战国,"任人唯亲"的世袭制彻底式微,虽然诸侯国任用宗族的现象仍未断绝,但这些被委以重任的宗亲多是宗室中的人中龙凤。除了宗室中的杰出人才,多数国家从平民中擢选有用人才,像申不害、范雎等出身于贱,也能被破格任用。此时,任用外来的客卿,广揽天下的英才,使得秦能最强于天下。

战国时,诸侯在选拔人才方面,有荐举制、养士制、考选制、军功制等途径。荐举制是由国君与德高望重的官员推荐人才。养士制是由政府或相聚揽一批具有特殊知识或技能的士人作为人才储备,为己所用。如战国四君子养士,齐国的稷下学宫等。考选制是由低级官吏选拔为高级官吏的一种选才制度。军功制是指士兵可以因军功而获得爵位。商鞅新法中制定了军功二十等爵,按爵位高低授予种种特权,规定:杀得敌人甲士一人,并取得其首级的赐爵一级、田一顷、宅九亩、庶子一人,可当五十石俸禄的官。在以战争为主要争霸手段的时代,军功成为跨越阶层的重要途径。

战国时建立起公文用玺(即官印)和发兵用符(即虎符)的玺符制,国家军政大权都集中于国君之手。国君对官吏的任免则是以玺为凭的;对于将帅的任免,是以符为凭的。任命丞相、郡守、县令等官职时,国君将玺亲自发放给官员。官吏有了官玺才能行使其权力。官员免职或辞职时,也必须交回玺,称为"收玺"或"夺玺"。除了丞相的玺是黄金制的,普通官员的玺是铜制的。《史记·范雎蔡泽列传》记载,"怀黄金之印,结紫绶于要(腰),揖让人主之前",说明战国时的丞相是黄金印紫色绶带。

2. 战国时官员的俸禄、奖惩与考核

西周以来,世官有各自的封地。战国中期开始,各国都用俸禄制取代了原来的采邑制。国君对各级官吏可以随时任免,随时选拔,"主卖官爵,臣卖智力"。

战国时的俸禄主要是实物支付,高官可以食禄千钟,甚至到三千钟、万钟,次一等的为一千石,俸禄依官职顺序渐次奖等为八百石、七百石、六百石、五百石、四百石、三百石、二百石、一百石、五十石。六百石以上者属高级官员。如果官员立下特大功勋,国君会赏赐田地。如《商君书》曾说,"得甲首一,赏爵一级,益田一顷"。

战国时依然有封爵,宗室或有功之臣都能获得"君"或"侯"之称号,有封地,主要食租税,封君在领地内有一定的治民权。此时的爵位主要是奖励功臣或名贤,因功受爵取代了此前的因血缘关系受爵。

除了封爵,战国时代,国君已经开始用黄金货币赏赐功臣,燕昭王筑黄金台招揽人才,就有此意。战国时,商品经济发达,黄金也具备货币性质,赏金直接又有效,战国的史书上,常见赏赐黄金百镒、千镒,百斤、千斤或百金、千金的记录。

战国时,已有成熟的官吏年终考核制度——"上计"。战国时的上计采用合券计数的方法,《荀子·王霸》记载,"岁终奉其成功,以效于君,当则可,不当则废"。根据惯例,每年年初,朝中的重要官吏和地方官,都必须将一年赋税的收入预算数字写在木"券"上,送到国君手里。国君将券剖成两半,国君执右券,臣下执左券。到了年终,国君拿右券考核臣下是否完成工作,类似于现代管理的 KPI 考核。上计一般由国君亲自考核,丞相协助。考核成绩不佳,便要当场收玺免官。上级官吏对下级官吏的考核,亦采取同样的办法。

选人	· 从宗亲中选拔有才或有功者 · 招募本国或其他诸侯国的有名之士 · 通过三选,拔擢底层之士
用人	· 君主亲授符（将）、玺（文官）,作为凭证 · 按照官职领取俸禄,极少部分君侯有自己的领地 · 相为百官之长,将为武官之首
考核	· 一年一度上计,年初官员提交计划,年终核对,是否完成 · 根据完成情况,君王决定官员的升降,上计不合格者可能会被收回符、玺

战国时官员的选拔、任用与考核

为了防止舞弊,必须统一度量衡。商鞅变法时便统一斗、桶（斛）、权衡、丈、尺,公元前 344 年,秦孝公颁布了标准量器,即"商鞅方升"。齐国为了防止官吏舞弊,也铸造了标准量器。

在一年一度的上计中,合格的官吏留任或升职,不称职或有过失者,君主可收其玺而免其官。当时能够严格考核官吏的诸侯,都能保持较高的行政效率,国家政治比较清明,国力因此而强盛。

3. 战国时的育人

春秋战国是华夏文明的奠基期,被文化学者称为中国的"文化轴心时代",那时私人讲学盛况空前,被后世誉为"百家争鸣",其中影响最大的学派有儒、道、墨、兵、法等,这些学派的代表人物及其主要主张见下表:

百家争鸣时主要思想家简表

学派	代表人物	时代	代表作	主要主张
儒家	孔子	春秋	《论语》《春秋》	提出"仁"的学说，主张"仁者爱人"
	孟子	战国	《孟子》	主张"仁政""民本""致良知""养气""人性本善"
	荀子	战国	《荀子》	主张"人性本恶""制天命而用之"
道家	老子	春秋	《道德经》	提出"道"的学说，主张小国寡民，无为而治
	庄子	战国	《庄子》	提出"齐物论"的学说，主张"逍遥游""内圣外王"
兵家	孙子	春秋	《孙子兵法》	提出"兵者，国之大事，死生之地，存亡之道，不可不察也。"提出军人五德：智、信、仁、勇、严
墨家	墨翟	春秋末	《墨子》	主张兼爱、非攻、尚贤、尚同、节用、节葬、非乐
法家	韩非子	战国	《韩非子》	主张君主集权，依法治国，提出重赏、重罚、重农、重战

战国时，诸侯争霸如火如荼，对人才的需求空前高涨，读书可以做官，连平民也可以"学而优则仕"，进一步促进了私学的发展。战国时，养士之风盛行，其中齐国的稷下学宫是国家支持的讲学中心，这里聚集了当时最有名的学者。

稷下学宫是一所既从事教育，又从事学术研究，还具有政治咨询性质的机构。稷下学宫是在齐桓公时设立的。齐宣王时，稷下之学达到鼎盛，规模宏大，能容纳师生近千人。

稷下学宫向各国士人敞开大门，不论思想流派，只要是当时的名师，都可以来此授课。稷下学宫汇聚了儒家、道家、法家、阴阳家、兵家、农家、名家等各学派的名师，各个学派展开公开论辩。活跃在稷下学宫的名师有驺衍、淳于髡、田骈、接予、慎到、环渊等。对于这些名师,不论其出身,都给以"上大夫"的职位,比如淳于髡,本是家奴出身,身为赘婿,他成了著名的"稷下先生"。学宫的首领不是官方任命,而是由师生公推,任期也不固定,如荀子三次连任"祭酒"(学宫首领,相当于校长)。

齐国在稷下学宫为名师提供了优厚的生活条件,修建"高门大屋"作为宅院,对各地来游学的弟子,也热烈欢迎。来此游学的学子众多,为了方便管理,稷下学宫制订了学则,对弟子们的学习、用膳、清洁卫生、用火等,提出了具体要求。

私学的发达以及诸侯国对教育的投入与支持,使得战国时代人才辈出,扩大了国君选人用人的范围,士人们则在激烈的竞争中尽可能地展示了自己的才华与智识。

三、信陵君魏无忌因善用人得势也因此招忌

齐之孟尝君、楚之春申君、赵之平原君、魏之信陵君,合称战国四公子,他们都是王室宗亲,都以礼贤下士、门客众多名闻天下。信陵君魏无忌是四人中的佼佼者。信陵君养士、窃符救赵、客居赵国、回国掌政、招忌归隐,他一生的事业荣辱与战国晚期的政治局势息息相关。

信陵君是魏昭王的小儿子,他的哥哥魏圉继承王位,是为魏安釐王。公元前276年,安釐王封无忌于信陵(今河南宁陵),分封宗亲乃是世卿制遗风。

信陵君礼贤下士,士人争相归附于他,门客号称有三千,各诸侯国因此不敢与魏国交兵。信陵君养门客出于现实考虑,他的门客中有各国密探,能获取第一手情报。有一次,信陵君与安釐王下棋,有人来报赵国发兵进犯。信陵君见魏王惊恐,忙劝解道:"是赵王打猎罢了,不是进犯边境。"

信陵君识人用人都是从魏国的安全角度考虑的,他手下的谋士不论出身、地位。侯赢本是"大梁夷门监者",朱亥"市屠中",信陵君听说他们是有真才学的隐士,态度恭谨,与他们结交。在窃符救赵时,正是这二人起了关键作用。

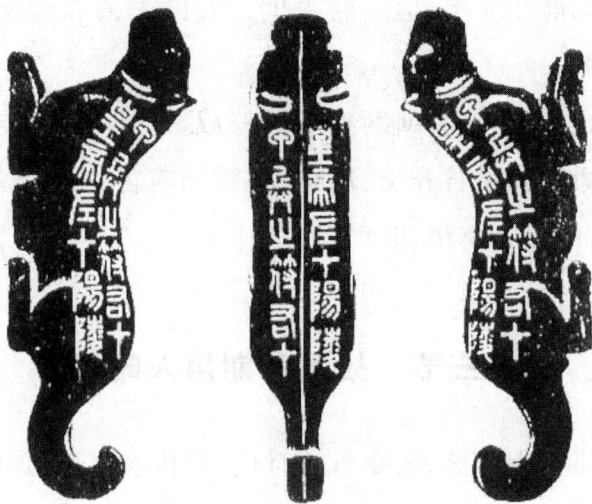

秦阳陵虎符

客居赵国时,信陵君又得到隐士毛公、薛公,这两人都是邯郸市井中讨生活的人,信陵君跟二人结交后,平原君讽刺信陵君不顾身份,结交市井赌徒。信陵君却认为,这二人早有贤名,经过接触,确定他们的确是贤人。后来,毛公和薛公在关键时刻点醒了信陵君。

信陵君客居赵国,生活得很舒适,秦兵战败,花了十年时间恢复元气。十年后,秦军又开始侵扰魏国,信陵君担心回魏国有危险,禁止门人讨论回国之事。只有毛公和薛公去见信陵君,对他说:"公子备受敬重,名扬诸侯,也是因为有魏国做后盾啊。试想如果秦国攻破大梁,夷平您先祖的宗庙,您还有什么脸面活在世上呢?"

这番话点醒了信陵君,他立刻动身回魏国。魏安釐王任命信陵君为上将军,"诸侯闻公子将,各遣将兵救魏。公子率五国之兵破秦军于河外",击退秦将蒙骜,乘胜追击,将秦军赶出函谷关。

当时秦国开始用离间计挑拨六国君臣关系,秦王派人带了大笔金钱到魏国离间安釐王和信陵君的关系。本来安釐王就忌惮信陵君,于是很快中计,撤掉信陵君将军之职。心灰意冷的信陵君从此沉迷酒色。公元前243年,信陵君去世。魏国失去栋梁,十八年后,魏国被秦国灭掉。

战国时,君主已经有朝纲独断的权威,即便是信陵君,也需要得到国君的任命。信陵君养士、用士,使魏国有能力对抗强大的秦国,之后,魏国君臣离心离德,败亡是必然。

第三节　战国时期用人略评

战国是一个大动荡、大变革的时代,自耕农出现,贵族政治解体,世卿世禄制被层级明确的职官制取代。君主拥有最高的人事任免权,从而将全国的行政、军事、财政、司法等大权都集中在自己手中,一切政令都能直达各部门、各地方。各国君主选人用人相较前代更加务实,将功绩作为用人的主要依据,凭政绩选拔官员。同时,军功制在战国非常盛行,按照杀敌数量给予奖励,跟现代管理中绩效考核的激励机制相当,这种机制能在短期内提升组织的效率,达成绩效目标,其弊端则在于急功近利的做法使得人才的忠诚度降低,容易造成内讧与内耗。

一、战国时期用人的成功经验

战国时,各诸侯国处在生死存亡的竞争环境中,人才竞争的胜者成为强国(如秦国),用人失道之国覆亡(如楚国)。战国时期的历史告诉我们两条经验:第一,得人才者得天下。士阶层虽然无权无势,却已成为一种现实的社会力量。第二,合理的激励机制能发挥人才的潜力,改革内政、提高行政效率,从而国富兵强。

1.重视人才蔚然成风

战国时,各国国君求才若渴,既是出于现实需要——战争时需要特殊人才,也是时代思潮的大势所趋。战国四公子及其他富裕之家养士,并不是由于"富而好礼",而是为了自己国家的利益。

首先,养士可以赢得好名声。当时的社会舆论是用"士"的数量衡量一国的兴衰,如平原君既是为自己养士,同时也是为赵国养士,在"得士者存,失士者亡"的舆论环境中,即便门客中滥竽充数的人占不小的比例,依然乐此不疲。

其次,身边有真才实学的士人,关键时刻可以逢凶化吉。战国时,政治风云变幻,谋士格外重要。举荐蔺相如的宦官令缪贤,曾因犯错计划出逃。蔺相如及时劝阻了他,建议他主动向惠文王请罪。缪贤照做,果然得到惠文王赦免。这样的例子比比皆是。

再次,用人战略眼光独到的秦国,重用六国士子中的法家,使其政策有连续性,国力日渐强盛。秦国历代政绩卓著的丞相均来自其他六国,从商鞅、张仪,到魏冉、范雎、李斯。秦王一度听从谗言,要辞退六国之士,李斯上书《谏逐客书》,历数客卿对秦国的贡献,于是秦王收回成命,后来任用李斯为相。

2.任人唯功,激励人才发挥潜能

现代管理大师德鲁克说:"管理的本质是最大限度地激发人的潜能。"设想一下我们每个人如果能不断被人欣赏和认可,自己的积极性主动性会更多地被释放出来,在这个过程中,自己的能力得到了快速的成长和提升。

用军功和功绩考核官员与将士,在可量化的可实现的目标的激励下,平民战士的战斗力迅速提升,六国都称秦人为虎狼之师,这与秦人采取类似于现代企业常用的绩效管理用人管人有关。

绩效管理以数字为导向,对识字不多的战士来说,容易理解,也易于执行。尤其是因功受爵,切实实现了薪酬福利对将士的激励作用。秦人的军功考核有一套严密的制度,个人从属于自己的部门,既要保证自己所属部队完成任务,又要尽可能立功。同时,秦人对有功者毫不吝啬,同时也制定了苛刻的法令,以惩戒军民。

二、战国时期用人的弊端和教训

战国时期,人们重视利益,国与国之间全无道义可言,争霸战争中,屠城与坑杀的规模惊人。春秋无义战,战国时的战争和外交则充满阴谋诡计。秦国依靠武力与计谋毁灭了六国的宗庙,但并没有收复六国的民心。这为后来秦国的覆灭埋下了隐患。

战国时,各国都用重金贿赂其他国家的官员,离间君臣关系,其中以秦国最为典型。秦国人采取攻人攻心攻地并重的政策,通过外交手段,配以强大的军事打击,不断蚕食秦国周边的国家。六国也派间谍离间秦王与客卿之间的关系,为秦王献上远交近攻、攻人攻心攻地策略的范雎,最后也被秦王疏远,范雎头脑清醒,及时抽身,才免于惨死。

战国时,许许多多功臣都因为君主猜忌而下场凄惨。只有像魏无忌这样的宗亲,凭借其显贵的身份才保全了性命。秦国的大将军白起,是令六国闻之变色的战争狂人,最后没有死在疆场,而是被君主赐死。公元前 257 年,秦王中反间计,降白起为卒,后令其自杀,叱咤疆场三十余年,大小七十余战从未败绩,一代战神落得自裁的结局,并非孤例。赵国的名将李牧,同样因为失去君主信任而死。

战国时的用人,一切以现实利益为考量,君主与臣下因利益结成短暂联盟,当利益锐减时,二者便不可避免地离心离德,所以战国时朝秦暮楚的故事特别多。忠诚度低下是战国时代人才流动的主流，大家都跟风而动。

秦国灭掉六国,既没有道义上的名义,有没有绝对忠诚的核心统治团队,用人上的偏颇为后来秦国的国运埋下伏笔。

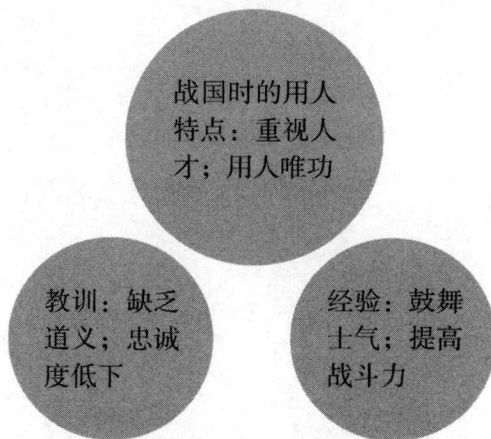

战国时期用人的经验与教训

任人唯近

创立大一统皇权制度的秦朝

　　秦朝(公元前221—前207年),战国时期的秦国先后灭掉韩、赵、魏、楚、燕、齐,完成统一全国大业。公元前221年,嬴政称帝,号称"秦始皇"。秦完成统一大业后,没有沿用周制分封宗亲,而是进一步完善了中央集权制度与郡县制,奠定中国两千余年政治制度的基本格局,对中国历史产生了深远影响。秦朝用人不当,导致二世而亡,其背后的历史教训,值得我们探究。

第一节　秦朝时期的用人思想

秦朝时期,不论是秦始皇还是秦二世,都用近臣而非贤臣,辅政的宰相缺乏政治家应有的道义观念,只考虑自己的荣华富贵,结果却是机关算尽,落得三族被夷的下场。

一、秦统一六国,创大一统皇权制度

公元前 221 年,秦王嬴政在咸阳称帝,以皇帝为号,成为中国历史上第一位皇帝,汉承秦制,直至清宣统逊位,这一称号使用了两千多年。皇帝权力至高无上,集行政、立法、司法、军事、选举、监察之权于一身。

秦朝的疆域,东至大海,西至陇西,南至岭南,北至河套、阴山、辽东,嬴政为了政令通达,修筑驰道,"书同文""车同轨",统一度量衡,这些措施使得大一统王朝的政治、经济不会因地域不同而有所阻滞。

统一全国后,地方治理方面实行分封制还是郡县制,朝臣一开始意见有分歧。公元前 211 年,丞相王绾请求封皇子为燕、齐、楚王,群臣附议。唯有廷尉李斯反对,他力排众议,主张废除分封,全面推行郡县制。秦始皇接受了李斯的建议,把全国分成三十六郡,以后又陆续增设至四十余郡。这些郡完全听命于中央和皇帝,是中央政府辖下的地方行政单位。

为了方便统治,秦始皇在西北部将春秋战国时各国所修的长城连接起来,号称"万里长城"。秦始皇派重兵镇守北方边镇,防止匈奴南下。同时,秦朝又向南扩张,设置了桂林等郡。

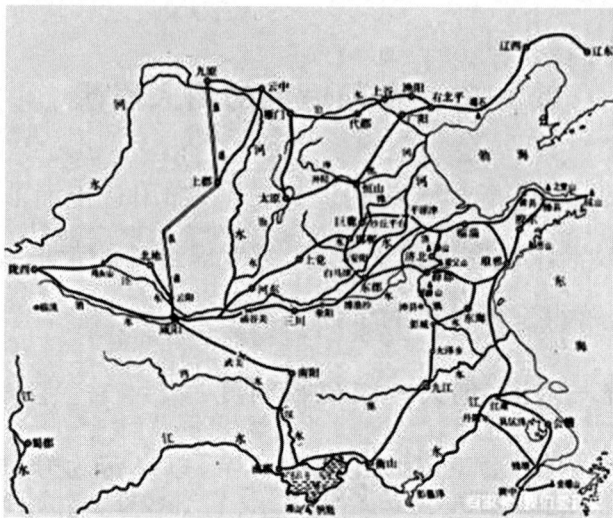

秦驰道示意图

统一六国后,秦始皇以秦律为基础,参照六国律,制定了通行全境的法律。秦律极为严苛,汉朝时对秦律做了修订,成为唐以前历代法律的蓝本。

战国后期,秦国建立了以"告奸"为目的的"户籍相伍"制度,以加强统治。秦国将境内的农民编入户籍,记录其年纪、土地状况,便于征收赋税、征发兵徭。秦统一全国后,沿用这一制度,并在边疆驻扎重兵,兵农合一的百姓不但要交赋税,还要服兵役徭役,生活十分凄惨。

秦始皇信奉阴阳家的终始五德说。终始五德说提出,相互继承的朝代以土、木、金、火、水这五德(五行)的顺序进行统治,周而复始。秦得水德,尚黑,所以秦的礼服旌旗等都用黑色;与水德相应的数是六,所以符传长度、法冠高度各为六寸,车轨宽六尺。与水德相应,历法以亥月即十月为岁首。

五德与五行对应关系

五德	土	木	金	火	水
对应朝代	上古	夏	商	周	秦
对应颜色	黄	青	白	赤	黑
对应正朔	二月	一月	十二月	十一月	十月
对应度数	五	八	九	七	六

秦朝以法家学说立国,丞相李斯(? —前 208 年)建议秦始皇"禁私学",秦始皇颁布"禁私学"令。规定:秦纪以外的六国历史书和非博士官所掌握的诗书、百家著作,一律送官府焚毁,只有医药、卜筮和农业用书除外。自命令下达之日起,逾三十日而未将应烧之书烧毁者,施以黥刑,并罚作四年筑城苦役;有敢谈论诗书者处死,以古非今者灭族。官吏知而不检举者同罪;有欲学法令者,以政府官吏为师。此即"焚书"事件。

秦始皇统一六国后,穷奢极欲,大兴土木,在咸阳附近仿照关东诸国宫殿式样营建了许多宫殿,修造富丽宏伟的阿房宫,还在骊山建造陵寝,"以水银为百川、江河、大海,机相灌输,上具天文,下具地理"。受术士蛊惑,秦始皇相信人可以长生不老。

公元前 219 年,秦始皇派遣徐福等出海求长生不老之药。徐福却一去不返。公元前 215 年,再派遣方士卢生、侯生求仙觅药。卢生、侯生又相继逃走。秦始皇大怒,公元前 212 年下令拘讯有牵连的方士,与此无关的儒生也被牵连,秦始皇亲自圈定"犯禁者"四百六十余人,活埋于咸阳。此即"坑儒"事件。

秦始皇意图通过制度、严刑峻法、文化专制等手段维护大一统的秦王朝,并希望其统治可以绵延千万年,然而,却事与愿违。公元前

210 年,秦始皇巡游路上,病死于沙丘。李斯、赵高矫诏令公子扶苏及蒙恬自杀,拥立胡亥为帝,胡亥登基后,被赵高摆布,统治更为残暴。

公元前 209 年,陈胜吴广最先举起反旗,六国贵族也在各地起义,秦王朝被推翻。二世而亡的秦朝,成为后来历代统治者的反面教材。秦的短命,归根结底,在于其毫无远见的用人思想及实践。

二、秦朝时期的用人思想:以吏为师

秦王朝延续了之前法家治国的传统,不论是秦始皇,还是丞相李斯,都是法家思想的忠实实践者。秦朝的法家思想与我们现在所说的依法治国是完全不同的概念。现代社会的法治思想是通过法律保障民众的利益。韩非子以来的法家主张,目的是维护当时的社会秩序,强化专制集权统治,反映在用人思想上,秦国摒弃战国以来百家争鸣的传统,推行以吏为师的用人思想。李斯是秦朝建制的关键人物,他的用人观的前后变化,与秦国在扩张期和统一后用人政策的转变息息相关。

1.《谏逐客书》中的用人观

李斯的用人观是以现实需求为主。李斯原本在楚国做小吏,后来跟随荀子学习帝王术,他与韩非是同学,学成后,李斯来到秦国,投入当时秦国权相吕不韦门下。

战国后期,六国之间互相派遣间谍,据司马迁《史记·李斯列传》记载,韩国派水工郑国游说秦王嬴政凿渠溉田,意图使秦人耗尽人力而不能攻韩。事情败露后,宗室大臣向嬴政进言,说来秦国的客卿都心怀叵测,不值得信任。秦王盛怒之下,下令驱逐客卿。李斯也在被驱逐之列,期间李斯写下流传千古的《谏逐客书》。

《谏逐客书》中,李斯的用人观有:第一,要统一天下,离不开人才,秦国的历史就是明证;第二,胸怀天下者,应海纳百川,不应该拒绝天下的人才;第三,人才就像其他物产一样,不应以产地而区别对待;第四,秦国赶走的人才会成为其他诸侯国的助力。

李斯非常了解秦王的志向,从统一天下的高度立论,打动了秦王,使秦王收回逐客的命令。秦王随后恢复了李斯的官职,留在身边,并委以重任。

秦始皇是一位务实的政治家。李斯虽出自吕不韦门下,但与秦始皇政见相合,成为秦始皇最为倚重的人。李斯的女儿嫁给秦始皇的儿子,李斯的儿子娶的都是秦国的公主。通过政治联姻,拉近重臣与国君的关系,君臣结成血缘亲族,家世低微的重臣通过与国君联姻,成为新贵,成为君主最亲近的人。

2. 统一天下后的用人观

秦统一天下后,要确立新的意识形态,为了维持大一统的威权,李斯主张"以吏为师",秦始皇"可其议"。"以吏为师"成为秦朝的用人原则。

西周时,典章文物都被官学垄断,学术专为官有,当时是学在官府,官师合一。春秋战国时,官学衰落,私学兴起,因而人才辈出。秦统一六国后,嬴政采纳丞相李斯的建议:除秦国以外的列国史书,都予以焚毁;除博士官外,私藏百家之书、私议百家学说者,都要受到惩罚。私人只可以保存医药、卜筮、种树等实用性的书籍。想学习法律的人,以吏为师。士子要学习文字,只能向政府官员学习。政府官吏承担教育行政官员和教师职责,学习的内容只限于朝廷的法令。

秦统一天下后,李斯依然是着眼于眼前,以务实和效率为主,他认为吏才有资格、有能力管理天下,天下人学习朝廷法度,才能成为合格的臣民。其他学识会败坏人心,不利于统治,因此要严格规范天下学子学习的内容,限定选拔任用人才的范围。

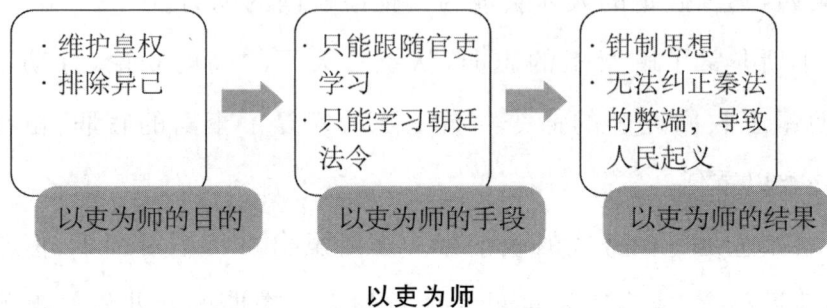

以吏为师的目的	以吏为师的手段	以吏为师的结果
· 维护皇权 · 排除异己	· 只能跟随官吏学习 · 只能学习朝廷法令	· 钳制思想 · 无法纠正秦法的弊端,导致人民起义

以吏为师

李斯的实用用人观使得秦国人才培养及选拔陷入误区,秦法严苛,只学朝廷法令,只能遵从朝廷法令行事,刚经历过战乱的百姓没有得到一丝喘息的生机,官逼民反成为必然。

第二节 秦朝时期的用人制度与实践

秦始皇把战国时期的官制加以调整和扩充,建立了一套适应大一统集权国家、权力高度集中的新行政机构。但秦二世胡亥任用近臣赵高,残杀手足,暴虐百姓,使得秦朝迅速败亡。

一、秦朝时期的官制

1.确立皇帝制度

秦朝在官制方面最大的变革是确立了皇帝制度,这决定了秦朝及其后王朝的政治制度。

秦王嬴政自认"德兼三皇,功过五帝",统一天下后,决定用"皇帝"为号。皇帝是王朝的核心和权力主体,是唯一的国家首脑,独揽行政、军事、司法、考选、监察、财政等权力。对于王朝的人事,不论是中央还是地方,皇帝都有任免权。皇帝决策国家所有事务,统率和指挥自中央朝廷至各级地方军政系统和文武官吏,天下臣民绝对遵照皇帝的意志和指令办事。

秦始皇自认"履至尊而制六合,执敲扑而鞭笞天下",是天下至尊,掌握全体臣民的生杀大权,掌管天下的刑罚征赋,全国的人民、财产都属于他。"天下之事本无小大,皆决于上",一切以皇帝名义发出的指示,都被赋予神圣不可侵犯的地位,文武官员的任免、奖惩和升贬,全国性财政赋役的征调和开支,对外和战与对军队的调遣指挥,只有皇帝才能决定。

一个真正尽职的皇帝极为辛劳,如秦始皇每天要完一石公文(秦代公文使用竹简木牍,一石为120斤,约合今60斤),白天断狱,夜批公文,朝纲独断。秦始皇的独断没有如愿让秦朝绵延千万年,反而因他的独断使得朝中没有忠臣能将,从而导致秦朝二世而亡。

2. 中央官制

秦朝的中央机构延续战国时秦国的制度。在皇帝之下,设丞相、太尉、御史大夫。丞相为百官之长,有左右二位,辅佐皇帝,掌管政事,秦朝最著名的宰相是李斯与赵高。太尉掌管军事,不常置。御史大夫是丞相的副职,掌管典籍,监察百官,起草文书。

丞相、太尉、御史大夫以下,分设掌管具体政务的诸卿,包括:郎中令(掌管宫殿掖户)、卫尉(掌管宫门卫屯兵)、廷尉(掌管刑辟)、治粟内史(掌管谷货)、少府(掌管山海池泽之税和官府手工业制造以供应皇室)、典客(掌管国内民族事务和外事)、奉常(掌管宗庙礼仪)、宗正(掌管皇室事务)、太仆(掌管马政)等。

3.地方官制

秦统一后,曾有博士建议用周制,分封宗室,李斯力排众议,建议秦始皇采用郡县制,秦始皇听从李斯建议,以郡县制管理地方,将地方置于中央的管辖之下。

秦代地方行政机构分设郡、县两级。郡设守、尉、监(监御史),郡监直属中央的御史大夫。县按大小设令或长,统领有丞、尉及其他属员。郡、县主要官吏由中央任免和调动。

县下有乡,乡设三老、啬夫和游徼。三老掌管教化,啬夫掌管赋税诉讼,游徼掌管治安。乡下有里,是最基层的行政单位。里有里典,后称"里正""里魁",以乡人强有力者担任。此外还有司掌治安、禁盗贼的专门机构,即亭,亭设有亭长。

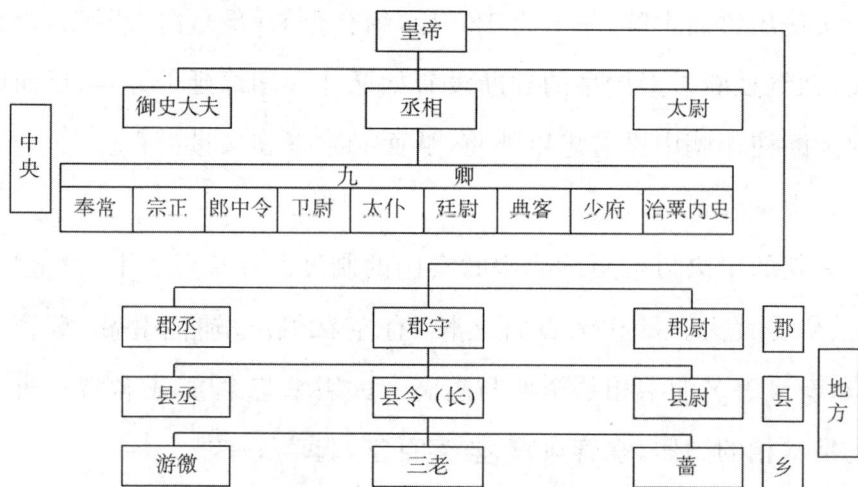

秦朝中央及地方官制简图

二、秦朝时期的选人、用人与育人制度

秦朝延续了战国时秦国的用人制,在选官制度方面,既有世官制,又有推举制和通过考试入仕。秦朝初步建立了官员的监察制度。

在育人方面,秦朝推行以吏为师的政策,禁止私学,于是教育归于官学。

1.秦朝的选拔制度

官吏选拔是国家制度的重要组成部分,从战国时起,秦国的选拔制度经历了以世官制为主到多种选拔途径并行的变迁。

(1)世官制。世官制是西周以来的任官制度,影响深远,商鞅变法后,依然有世官制的遗存。在睡虎地秦简中,有"葆子"(葆子即保子)的记载,葆子就是凭借父亲或兄长的职位而获得官职。"史"为世业,包括卜筮、天文、历法、地理、医术等技术类官员,都是子承父业,世世相传的。

(2)保举制。保举是高官推举,战国时养士之风大盛,秦国的吕不韦、嫪毐等人都有大量门客。李斯就由吕不韦举荐,"任李斯为郎",一步一步积累功劳升到丞相。保举制有连带风险,保举人是要对被保举人的行为负责的;《史记·范雎列传》:"秦之法,任人而所任不善者,各以其罪罪之。"同样保举者犯罪,也会牵连到被保举者。

(3)学吏制度。秦朝设有官学,在官学中学习的弟子,可以通过考试,进入仕途。在秦朝,并不是什么人都可以入官学,只有拥有弟子籍的人才可以入学。因为弟子籍可以免除兵役徭役,如果有人冒用弟子籍,"县毋敢包卒为弟子,尉赀二甲,免;令,二甲。"弟子学成之后,进入政府机构,可以从事文书、档案处理之类的工作。

2.秦朝官员考核与升降

秦朝对官员的考核延续了战国时代的上计制度,一年一次考核官员的工作情况。秦朝上计的主要内容是财政收入和人口数量的变化。郡县官员每年要将辖区内的人口数量、田亩、布匹等生产情况进行详细统计,上交给上级部门。为了避免官员对数据造假,朝廷会派监察御史对官员监察。上级部门也会直接派官员下到地方进行实地考核。

秦朝以律法的形式,规定了各级官员的考核标准。以湖北云梦泽出土的秦简《厩苑律》为例,考核规定:"以四月、七月、十月、正月肤田牛。卒岁,以正月大课之。最,赐田啬夫壶酉(酒)束脯,为旱(皂)者除一更,赐牛长日三旬;殿者,诤田啬夫,罚冗皂者二月。"这里是说,负责饲养耕牛的官吏,每年四、七、十、正月进行评比,每满一年,在正月进行大规模考核,饲养牛最好的可以得到酒和肉脯,免除一次兵役,多发三旬的工资;成绩最差的,除了提出批评,还要罚两个月的俸禄。

秦朝官员考核主要分两个级别举行,郡县层面的由中央负责考核,地方层面的由郡县负责考核。秦朝的官吏考核事关官吏职位的升降。统一天下后,军功考绩减少,而劳绩奖励变多。官吏的劳绩以年、月、日为计算单位,有专人记录劳绩,擅自增加者,受罚。

严耕望先生总结了秦朝官吏升迁的两种路径:

第一,除补县长吏的途径多由孝廉三属郎、公府掾、尚书郎、令史、侍御史、谒者、州茂才实现。县长吏多升迁为郡守、相、都尉、司隶、刺史,或内迁尚书、中郎将、议郎、谏大夫。郡守、相由守相上佐、县令、州刺史、尚书、侍中、中郎将等除补。

第二,郡守、相多升迁为九卿,或者其他郡守升迁至三辅地区郡守,也有直接超迁至御史大夫。地方政府属吏多循级升迁,可至郡吏。郡吏可至守令长。

3.秦朝的监察制度

秦朝建立了庞大的官僚机构,对官吏的监察是帝国运转的重要环节,尤其是秦国以法家思想治国,行严刑峻法以维护皇帝的统治。秦始皇并不信任臣下,他灭六国后在位十二年,先后五次出巡,主要是考察各地的吏治与刑狱。

除了皇帝亲自出巡,秦王朝还建立了由中央到地方的监察机构。中央设御史大夫。根据《通典》记载:"秦无司空,置御史大夫,以贰于相。"御史大夫的职能是监察,位居丞相之下。在秦朝,丞相、御史大夫和太尉合称"三公",属于朝廷最高级别的官员。御史大夫主要负责监察百官,兼执法、掌管秦朝重要书籍文件。

秦在地方设置监察御史,负责监察各地方官员。秦朝在每个郡设监察御史一人,监察各郡官员。在全国各县,设郡监,监察各县官员。监察的主要内容以能否胜任职位以及是否清廉为主,既考验官吏的业务能力,也考察官员的品行。

4. 秦朝的育人制度

秦朝是历史上的文化专制黑暗时代,焚书坑儒,结束了战国以来百家争鸣的局面,秦始皇禁私学、烧诗书,是文化教育方面的典型反面教材。

秦朝的教育主要以官办为主,郡县设有"学室"。"学室"中的学生称为"弟子"。为了便于管理,"学室弟子"都有花名册,这些弟子相当于官吏实习生或学徒,政府官吏不仅可以随时使唤他们,还可以笞打他们。对于弟子,也有一些优待,可免除兵役和徭役,秦朝的兵役与徭役是很重的,弟子籍非常难得,一般只有官吏子弟才能拥有弟子籍,入"学室"学习。

在"学室",弟子们主要学习两方面知识。首先要学会书写文字。秦朝以前,各国文字书写各不相同。为了政通令达,公元前221年,秦始皇下令整理和统一文字,规定以秦国的小篆(即秦篆)为统一的书体。丞相李斯编写了《苍颉篇》、中车府令赵高编写了《爱历篇》、太史令胡毋敬编写了《博学篇》,作为标准文字的范本,推行于社会。弟子在"学室"学写姓名,认识名物。秦朝以吏为师,吏就是懂秦律的人,弟子们在学室学习法律,考试合格后,弟子名字就可以从花名册中除去,即有资格成为吏了。在被任用之前,弟子还得经过实习,考察合格后才能被任命为官吏,从低级文书官吏开始步入仕途。

秦始皇统治前期,继承了战国时期的博士制,相继征召六国的博士达 70 余人,"议政事,备咨询,掌故籍"。各国博士都是通今博古的士人,来自儒家、墨家、名家、纵横家、阴阳家、神仙家、杂家等各家学派。这些博士除了议政,还会传业授徒,秦朝一开始是有私学的,随后因焚书坑儒及秦末战乱,私学不继。

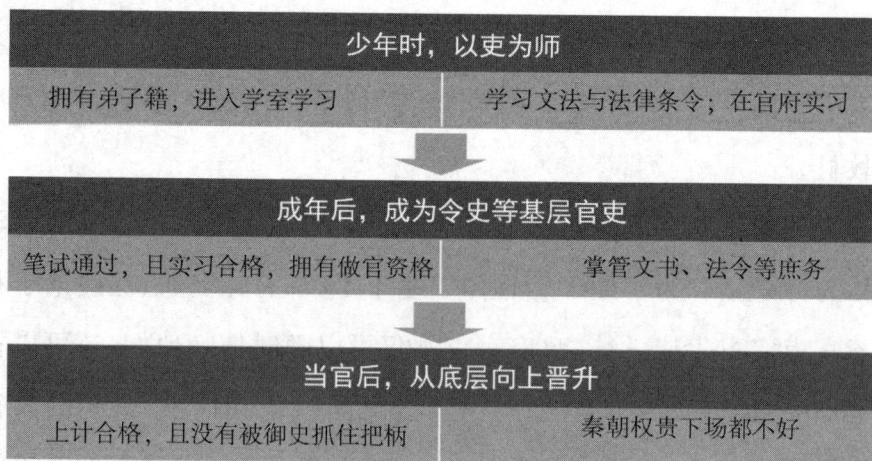

少年时,以吏为师	
拥有弟子籍,进入学室学习	学习文法与法律条令;在官府实习

成年后,成为令史等基层官吏	
笔试通过,且实习合格,拥有做官资格	掌管文书、法令等庶务

当官后,从底层向上晋升	
上计合格,且没有被御史抓住把柄	秦朝权贵下场都不好

秦朝官吏生涯简述

三、胡亥暴政反映了秦朝"用人以近"的弊端

商周鼎革之际,周公担心后人忘记殷商因暴虐亡国的教训,用仁义之道教导皇室子孙,要施行仁政,任用贤人,切勿荒淫。

秦始皇统一六国后,建立了一个皇权至上的帝国。秦国以武力与阴谋取得天下。秦始皇自认自己是千古一帝,享有海内,可以为所欲为,他讨厌儒家的仁义之说,亲近李斯、赵高等刀笔吏,他们都注重眼前荣华富贵,并没有政治远见。二世胡亥耳濡目染,即位前,是个深宫中享乐的公子。胡亥成为秦二世后,任用近臣赵高,制造了无数人间惨案,秦朝也因此迅速败亡。

公元前 210 年,秦始皇出巡天下,左丞相李斯、中府令赵高、幼子胡亥随驾出巡。七月,秦始皇驾崩于沙丘平台(今河北广宗西北太平台)。秦始皇生前没有立太子,他临终之际,写了诏书,要将皇位传给长子扶苏。

左丞相李斯正要按照秦始皇的意愿,召回镇守边镇的扶苏。赵高来找李斯,劝他不要立扶苏,因为扶苏信任大将蒙恬,亲近儒生,一旦继位,李斯不但会失去丞相之位,还会连累家族。于是,李斯与赵高矫诏立胡亥为皇帝,同时伪造秦始皇遗诏,处死扶苏和蒙恬。

回到咸阳后,胡亥登基做了皇帝,即秦二世。胡亥最信任的大臣是赵高。赵高的父亲本是文法吏,赵高从小学习读写和法律,二十岁时即担任处理文书的令史类官吏。秦始皇以赵高为人勤奋,又精通法律,提拔他为中车府令,掌皇帝车舆。赵高是胡亥的老师,教胡亥判案断狱。

赵高善于观言察色、逢迎献媚;胡亥身边没有其他大臣教授他帝王之学,他依赖赵高夺取皇位,因而对赵高言听计从。赵高也自此走

到了权力的颠峰。赵高不断向胡亥进言:诸公子如果发现他得位不正,就会谋反,将他拉下皇位。胡亥贪恋权位,在赵高的劝说下,他下令将秦始皇在咸阳的十二位皇子全部抓捕并处死。

杀光咸阳的兄弟后,胡亥又在赵高的蛊惑下,将住在杜邮(今陕西咸阳东)的皇子和十位公主碾死。秦始皇万万没想到,自己尸骨未寒,众多的亲生子女就被屠杀殆尽。只有公子刁逃到山东,隐姓埋名活了下来。

杀完皇族中潜在的威胁者后,赵高和胡亥的屠刀又伸向朝廷,开始清除可能反对自己且有势力的大臣。右丞相冯去疾和将军冯劫自尽;大将蒙恬之弟蒙毅被毒死。死得最惨的是扶立胡亥的李斯。李斯被"具五刑",即用五种刑罚处死:先是黥面,然后劓,砍断左右趾,又腰斩,最后是醢,这是当时最为残忍的处死方式。李斯一家也同时被杀。

李斯死后,再没有大臣可以威胁到赵高。而秦二世胡亥一心想享乐,他对赵高说:"人这一生就如白驹过隙,做了皇帝,我想尽心享乐,爱卿你看呢?"这话正中赵高下怀,他对胡亥说:"天子要随时保持威仪,这样才显得尊贵,使人只闻其声,不见其形,让朝臣惧怕您的威仪。陛下年纪还轻,切不可在臣下面前暴露弱点,让他们小看您,臣下还会将您的缺点传到天下,这样的话,您就会被天下人耻笑。所以,陛下不如居于深宫,不见朝臣,不处理政事,这样人人都会称颂皇上的圣明。"胡亥深以为然,并将朝政交于赵高。赵高达到了大权独揽的目的。

赵高为了独揽大权,一方面讨好胡亥,任其胡闹。胡亥大量征发全国的农夫修造阿房宫和骊山墓地,赵高不但不加劝阻,还花言巧语鼓励胡亥恣意享乐。另一方面,赵高孤立胡亥,而朝臣都惧怕赵高。

秦二世三年,群臣朝贺之时,赵高命人牵来一头鹿献给胡亥,当众说道:"臣进献一马供陛下赏玩。"

胡亥失声笑道:"这明明是头鹿,怎么说是马呢?"

赵高问左右大臣:"你们说这是鹿还是马?"

群臣中惧怕赵高者都称之是马,少数人坚持说是鹿。朝会之后赵高将说是鹿的大臣全部杀死。

胡亥此时也开始对赵高不满,赵高先发制人,望夷宫之变,秦二世胡亥被曾经最信任倚重的大臣害死。胡亥死后,赵高见称帝无望,准备再立一个傀儡皇帝,将玉玺传给子婴,子婴入宫时,安排武士击杀赵高。赵高血溅皇宫,子婴下令夷赵高三族。

胡亥重用近臣赵高,残杀手足、暴虐百姓,终于引发了秦末农民起义,胡亥、赵高等人也成为遗臭万年的暴君与佞臣。

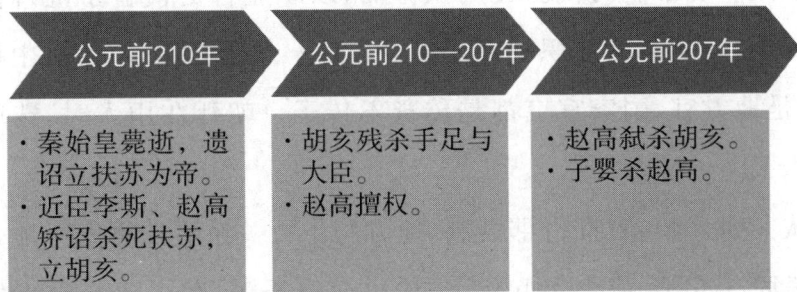

公元前210年	公元前210—207年	公元前207年
·秦始皇薨逝,遗诏立扶苏为帝。 ·近臣李斯、赵高矫诏杀死扶苏,立胡亥。	·胡亥残杀手足与大臣。 ·赵高擅权。	·赵高弑杀胡亥。 ·子婴杀赵高。

秦末血腥政治

第三节　秦朝时期用人略评

秦朝是我国历史上非常特殊的一个王朝,秦始皇统一中国,推行"车同轨、书同文"的政策,并将巴蜀、两广等地并入秦朝的版图,奠定了中华民族的基本格局。另一方面,秦始皇及秦二世统治又非常暴虐,导致秦朝国祚只有十五年。对于秦始皇的功过,历史学家黄仁宇的评价非常中肯:"秦始皇的残酷无道达到离奇之境界,如何可以不受谴责? 可是他统一中国的工作,用这样长远的眼光设计,又用这样精到的手腕完成,又何能不加仰慕?"秦朝的盛衰与其用人制度及实践密不可分,秦朝用人的经验与教训,足以给后人以警示。

一、秦朝时期用人的成功经验

秦统一中国后,中国有了新的政治制度。以郡县制取代分封制,开启了大一统帝制时代。在用人方面,以职业官吏代替了世卿世禄制,官员因其能力所任职位而非出身地位。从秦开始,不论是中枢机构,还是地方官,国家官吏都是传贤不传子。朝廷在用人时,选取范围更广了。

从秦朝开始,因推行郡县制,地方与中央关系更加紧密。地方的长官任职三五年,或十年八年,受中央政府委派,政令要与中央保持一致。唐代柳宗元认为郡县制是符合历史发展趋势的,在《封建论》中,他写道:"秦之所以革之者,其为制,公之大者也;""公天下之端自秦始。""非圣人意也,势也。"

秦朝在制度设计方面令人叹服,但在用人理念及人才培养方面却严重偏离正道,才使得奸佞当道,最终导致亡国丧身。

二、秦朝时期用人的弊端和教训

秦始皇灭六国,奄有天下,"初并天下,罔不宾服"。秦始皇将所有权力都抓在手中,并且自信地认为君王可以掌控一切,从而背离了"君道臣智"的管理用人原则,他赶走儒生,弃智绝学,最终身边只剩下谄媚的官僚。

1. 朝纲独断加剧体制僵化

秦朝推崇以"法"治国,秦律繁琐又严苛,对官吏的管理与考核非常严格。在官僚管理体系中,颁布详细的书面规章制度,是官僚组织最高官员权威的书面延伸。秦律是秦始皇统治权威的细化和具体化。秦朝要求全国官员从实习期起就熟读法律,依法办事也体现了官员必须服从秦始皇的权威。而统一文字、度量衡、修驰道,都是为政令通达,使秦始皇的权威能延伸到更远的地方。

总之,一旦制定客观的考核标准和具体指标,并加之以清晰、精准的命令发布,便能对官吏形成有效的控制。这些考核标准和具体指标越繁琐,官吏们的自由裁量权就越小,官吏们唯权威(秦始皇、赵高)马首是瞻,基层面对突发状况无法从权处理,而当时的地方组织僵化程度非常高,如刘邦等人因天气原因未能按期到达服役地点,按照律法会受到严惩,为了活命,民众只能造反。

2. 皇位继承

西周的宗法制是嫡长子继承制,对于继承人排序有严格的规定,嫡长子为最优选,其次是嫡子;没有嫡子,立长为上。

秦始皇不信任任何人,秦朝在制度上一再削弱皇权以外的其他势力,最终导致了皇室灭门的惨剧。班固写汉武帝后人传时,回顾了秦朝历史,并将秦始皇作为反面教材:"昔秦据南面之位,制一世之命,威服四夷,轻弱骨肉,显重异族,废道任刑,无恩宗室。其后尉佗入南夷,陈涉呼楚泽,近狎作乱,内外俱发,赵氏无炊火焉。"(《汉书·武五子传》)

秦始皇生前未及时立太子,临死前才匆匆写下遗诏,按照当时礼法立长子扶苏。胡亥是秦始皇的幼子,位列国君候选的最后一位。如果秦有宗室势力,秦的公子与公主也不会被诛杀殆尽,商鞅变法后,宗室一再被打压,到秦始皇时,宗室无兵无权,赵高等人才能将皇室一网打尽。

3.仁义不施而攻守之势易也

贾谊在《过秦论》中,一针见血地指出秦朝亡国的原因:仁义不施而攻守之势异也。秦始皇以武力与阴谋灭六国,统一天下。天下大定后,他依然用攻伐六国的思想对待老百姓,统一前,六国是他的敌人,统一后,六国是他的臣民,他用对待敌人的方式对待臣民:

"废先王之道,焚百家之言,以愚黔首;隳名城,杀豪杰,收天下之兵,聚之咸阳,销锋镝,铸以为金人十二,以弱天下之民。然后践华为城,因河为池,据亿丈之城,临不测之渊,以为固。良将劲弩守要害之处,信臣精卒陈利兵而谁何。天下已定,始皇之心,自以为关中之固,金城千里,子孙帝王万世之业也。"

贾谊列举了秦的暴政:焚书坑儒,毁坏文化,杀掉豪杰,毁弃兵器,用愚民政策使得百姓没有反抗能力,同时增加关中的守备,选择地势险要的关隘、修筑高大的坚固的城墙,开掘深不可测的护城河。他认为这样做,就能建起万世帝业。

西汉人对秦始皇的评价差不多,司马迁评价秦始皇嬴政时写道:"秦王怀贪鄙之心,行自奋之智,不信功臣,不亲士民,废王道而立私爱,禁文书而酷刑法,先诈力而后仁义,以暴虐为天下始。"秦始皇"自以为功过五帝,地广三王",权力使其自我意识无限膨胀,且日常生活穷奢极欲,致力于寻找长生不老之药。在用人方面,秦始皇刚愎自用,不肯放权,不信任功臣,也不愿意了解士人与民众的生活状况,迷信武力与诡计,因而开启了秦朝的暴政。

王道、仁政、仁义,在强权、阴谋面前常常显得迂阔而无用,但正是这看似无用的大道才是保证王朝长治久安的根本。用王道或天道限制君权,用德政约束君主,使得统治者能体恤民力,休养生息,富民养民。秉持王道政治观念的是儒生博士,然而,秦始皇将这些儒生赶出朝廷,并任用唯上之命是从的官吏。

秦朝用人以近,从上到下都只用与自己观点一致的弟子学徒,"秦绝圣人之道,杀术士,燔《诗》《书》,弃礼义,尚诈力,任刑罚,转负海之粟致之西河"。秦始皇偏好法家,法家门徒投其所好,构陷其他学派,把学派之争上升到君权存废、政权争夺的高度,利用皇权,坑杀儒生术士,如此暴政足以令人噤口不言。

不论是李斯还是赵高,甚至那些将鹿说成马的官吏,绝非没有能力,他们熟知帝国法令制度诏令,照章办事,能通过朝廷严格的考核。他们指导下一代官吏,还用自己的行动排斥"异端"。他们只对上级负责,从不考虑百姓的死活。本应成为沟通百姓与君主桥梁的官吏,成为盘剥百姓的虎豹豺狼。

秦朝的君主毫无仁爱之心,大臣又没有忠义之念,秦朝的百姓就没有活路了。"秦祸北构于胡,南挂于越,宿兵于无用之地,进而不得退。行十余年,丁男被甲,丁女转输,苦不聊生,自经于道树,死者相望。"(《汉书·徐乐严安传》)汉代人严安说出秦末百姓的惨状:秦朝时,北方修长城,南方征伐南粤;而官吏不能直言劝诫,而是为了荣华富贵,一味遵从不合理的政策,结果导致秦国君主滥用民力,百姓苦于劳役兵役,道路上到处可见死于劳役兵役的男丁女丁。

服从政府是死路,造反也是死路,在暴政压迫下,秦末各地的百姓纷纷揭竿而起。公元前207年,项羽入咸阳,杀死子婴,秦朝覆亡了。代表旧势力的西楚霸王项羽在公元前202年战败身亡,新兴的平民政权汉朝建立。中国历史翻开了新篇章。

任人唯职

开启平民入仕之途的两汉

　　汉朝(公元前 202 年—220 年)是中国历史上第一个由士人政府组成的大一统王朝,国祚历时四百多年,华夏民族此后称为"汉族",之后不论政权如何更迭,汉族作为中国主体民族的地位始终未变。汉朝分为西汉、东汉。西汉(公元前 202 年—公元 8 年)开国皇帝为刘邦,因国都在长安,故称"西汉"。东汉(公元 25 年—220 年)由刘秀重建,定都洛阳,故称"东汉"。东汉末年,军阀混战,形成魏蜀吴三国鼎立的局面。公元 220 年曹丕篡汉,汉朝灭亡。汉承秦制,并有所增补。汉朝的用人思想,儒、法、道兼收并用;汉朝的用人制度与实践,都以秦为鉴,在秦制基础上继续完善官僚机构,官职不再被贵族垄断,而是通过地方推举,以能者贤者居之。

第一节　两汉时期的用人思想

两汉国祚超过四百年,汉代的政治家与思想家提出许多有关用人的真知灼见,对我们现在的工作生活依然有借鉴作用。

一、开启平民入仕之途的两汉

建立西汉的高祖刘邦乃布衣出身,他以善于用人而为后人称颂。汉初君臣以黄老思想治国,轻徭薄赋,与民休息。汉武帝时皇权进一步加强。汉朝重新开设五经博士,鼓励地方察举贤人,天下士人不论出身贵贱,只要符合朝廷征辟的条件,都有可能入朝为官。汉朝承平数百年,源于两汉大部分时间都推行轻徭薄赋、与民休息的国策。在思想文化方面,儒学从汉朝开始成为官方意识形态,熟读儒家经典才有机会出仕,经学成为汉朝的显学。道教与佛教也在此时成为民间的重要宗教信仰。

1. 两汉政治概述

汉朝开国皇帝刘邦出身布衣,他是沛郡丰邑(今江苏省丰县)人,秦朝时,刘邦担任泗水亭长。秦末农民大起义时,六国贵族后人影响仍在,西楚霸王项羽就是楚国的贵族后裔。然而,赢得楚汉战争的却是布衣出身的刘邦。刘邦建立汉朝,标志着中国的世袭贵族政治终结了。

公元前 206 年,项羽封刘邦为汉王;公元前 202 年,刘邦打败项羽,正式称帝,仍沿用"汉"号,定都长安(今陕西西安)。刘邦登基后,听从叔孙通的建议,恢复礼法制度,设三公九卿,采取郡国并行的模式治理国家,宗室在地方握有兵权,并且有独立的行政与财政权。汉武帝刘彻即位后,采取了一系列改革措施以加强皇权。汉武帝采纳主父偃的建议，施行推恩令，规定诸侯王位由嫡子即位，而余子皆分一县或一乡的土地。王国不断缩小，汉郡不断扩大，汉朝中央对地方的控制力日益加强。汉武帝又采纳董仲舒的建议，推崇儒术，设置五经博士，精通儒学经典的读书人都有可能通过地方官的举荐出仕。

西汉后期，外戚专权，王莽以外戚的身份短暂代汉。公元25年，汉宗亲刘秀称帝（光武帝），沿用汉朝国号，称建武元年，定都洛阳（今河南洛阳），史称东汉。

汉光武帝废王莽弊政，大兴儒学，加强中央集权，对外戚严加限制，史称"光武中兴"。东汉中后期，外戚与内廷的势力崛起，当年幼的皇帝登基时，外戚与宦官都想掌握皇权，因此展开残酷的权力争夺，朝臣与儒生反对跋扈的外戚与宦官，由此导致党锢之祸，朝政腐败到了极点。

公元184年，不堪忍受暴政的百姓纷纷举起反旗，以黄巾起义为标志，东汉进入群雄逐鹿的时代，各地豪强大族拥兵自重。赤壁之战后，天下三分之势形成。公元220年，曹丕逼迫献帝让位，改国号为魏，东汉灭亡。刘备在蜀地宣布继承汉朝法统，史称蜀汉。

两汉的政治由西周以来延续千年的贵族政治转为士人政治，察举制使得平民子弟有了跻身统治上层的机会，权贵子弟入仕虽较平民容易，但也要依据察举的标准，具备相应知识。

2. 两汉经济概况

两汉时，除桓帝、灵帝增加亩税十钱以外，一般通行"十五税一"或"三十税一"的实物地租。

西汉初年，由于秦朝的暴虐统治加多年战乱，百姓失去土地，发生大饥荒，一半人口死于饥荒。汉高祖继位后，采取轻徭薄赋、与民休息的政策，实行"十五税一"的租税制度，汉文帝又下诏"田租减半"，即采取"三十税一"的政策。东汉时，刘秀曾经实行过"什一之税",不久又恢复"三十税一"的旧制。

百姓生计有了保障,到汉武帝初期,全国人口从西汉初年的1300万增长到3600万,国库也渐渐充盈起来。汉武帝征匈奴、开拓西域,国库因此空虚。西汉末年,政治昏暗,人口大减。到了东汉,经过休养生息,人口又增长起来。东汉中后期,土地兼并严重,地方豪强崛起。

汉朝以小农经济为主,汉初奉行重农抑商政策,商人地位低下。文帝时期,在贵粟政策下,商人地位才有所提高,随着西域的丝绸之路开辟,商业逐渐发达起来,长安、洛阳、邯郸、江陵、寿春、番禺、成都等城市,来自各地的商旅往来不息、热闹非凡。

3. 两汉的思想文化概况

两汉时期,儒学成为官方钦定的主流意识形态,道教与佛教成为民间影响最大的宗教信仰。

汉初,刘邦以黄老之道治国,并不重用儒家。项羽攻破咸阳城,一把大火,将保存于秦宫的先秦典籍焚烧殆尽。直到文景时期,朝廷才开始收集、整理古书的工作,聘请年长的博士和儒生以口述方式记述经典,用当时的文字记录,后来统称为"今文经"。汉景帝末年,鲁恭王兴建王府,坏孔子宅,从旧宅墙中发现一批经典。汉武帝时,河间献王刘德收集了大批古典文献,其中最重要的就是《周官》;汉宣帝时,河内女子坏老屋,得《尚书》。这些出土的文献都是用战国古文字书写,此即"古文经"。

汉武帝时,改变原有博士制度,增设弟子员,设五经博士,从此儒学独尊。《诗》《书》《礼》《易》《春秋》五经成为士子必读的经典。汉代儒生们即以传习、解释五经为主业。

西汉时,佛教传入东土,西域来的外交官应邀向达官贵人传授佛经。东汉初年,汉明帝派人西行求法。洛阳营建了第一座佛教寺庙——白马寺,第一部汉译佛教经典是在白马寺译出的《四十二章经》。

道教是我国的本土宗教,由汉代的张道陵所创。东汉末年,道教分为两大流派,一派为太平道;另外一派为天师道,亦称为五斗米道(张道陵创五斗米道),而五斗米道内部还有一个大支派,以于吉为教主,在长江下游地区传播。

二、汉代的用人思想

两汉人才辈出,明君贤臣、名将大儒、文人游侠层出不穷……汉朝,不论是国君还是文人,都以包容、开放的态度对待人才,也因此铸就了汉朝的光辉伟业。

1. 司马迁的用人思想

司马迁是西汉时期的史学家、思想家,他身受腐刑,依然忍辱偷生,终完成《史记》,达成自己"究天人之际,通古今之变,成一家之言"的夙愿。这部纪传体史书,记载了从传说中的三皇五帝到汉初的多位历史人物的言行,并对他们进行了精彩的点评,从中可以窥见司马迁的人才观。

第一,崇圣崇贤。

司马迁是大儒董仲舒的弟子,他在《太史公自序》写道:"先人有言:'自周公卒五百岁而有孔子。孔子卒后至于今五百岁,有能绍明世、正易传,继《春秋》、本《诗》《书》《礼》《乐》之际?'意在斯乎!意在斯乎!小子何敢让焉!"从制礼作乐的周公到写《春秋》的孔子,都是儒家的核心人物,而司马迁亦向他心目中的圣人看齐,以传承道统自居,以继承孔子思想为己任。因此,司马迁的人才观与周公、孔子一脉相承,崇圣重道。

孔子既不是诸侯,又没有封地,只谈出身的话,孔子只是没落的贵族后裔。而在《史记》中，司马迁将孔子列入记述诸侯人物的"世家"。《孔子世家》刻画了孔子完美的道德圣人形象，文中，司马迁又表白道："'高山仰止，景行行止'。虽不能至，然心向往之。"

除了孔子，司马迁还为孔门弟子多人立传。司马迁在评述人物的时候，也着重从人物的仁、义、礼、智、信等方面考量。在《报任安书》中，司马迁写道："修身者，智之符也；爱施者，仁之端也；取予者，义之表也；耻辱者，勇之决也；立名者，行之极也。士有此五者，然后可以托于世，列于君子之林矣。"由此可以看出司马迁是以儒学的君子标准来判定一个人的道德情操。他认为，修养高尚的人，是有智慧的证明；博爱施舍的人，是有仁德的开端；懂得舍取的人，是有道义的表现；正确对待耻辱的人，是判断勇敢的标准；能够成名的人，是操行的最高标准。士人有这五种德行，然后才可以在社会上立足，从而进入君子的行列。司马迁这番见解为后代写史者继承，确立了中国历代史学褒善贬恶的人文传统。

第二，重视事功。

司马迁为历史人物作传，所选的都是作出杰出贡献的人物，王侯将相自不必说，司马迁为秦末农民起义者陈胜、吴广立传，还将陈胜列入"世家"，陈胜出身底层，司马迁因其功绩将他视作诸侯，由此可知司马迁的人才观。

司马迁还记录了各类人才，包括循吏、隐士、刺客、游侠、神医、少数民族部落首领等，只要是对社会作出贡献，都会被记录在史书中。司马迁写人物时，从人物的言行细节入手，详细记述事情本末，以实绩而非言论评判人物功过。在《滑稽列传》中，司马迁刻画了一群善于用机智的手段劝诫诸侯的臣子，赞赏他们"谈言微中，亦可以解纷"。

司马迁虽为儒者，却不是唯道德论者，他认为官吏对百姓应"导之以政，齐之以刑，民免而无耻。导之以德，齐之以礼，有耻且格。"

《史记·酷吏列传》),即用道德来引导,以法律来约束,使百姓懂得礼法。这样的官吏是司马迁心目中的理想管理者。

2.光武帝的用人思想

明末思想家王夫之认为光武帝刘秀是自三代而下最杰出的一位。西汉末年,天下大乱,刘秀起于布衣,"无尺土之柄",却在较短时间内结束西汉末年的乱局,拨乱反正,成为"中兴之君"。从"得天下"到"治天下",刘秀的用人思想是其成功的秘钥。

第一,选贤任能,不问出处。

刘秀身边以"云台二十八将"最为知名,刘秀能够得天下,全靠身边这些俊杰。刘秀用人不问出处,东汉名将耿弇的父亲耿况是王莽的旧交,耿弇不满王莽,投奔刘秀。刘秀任命耿弇为门下吏,可随时向刘秀进言。耿弇为刘秀出谋划策,后被封为"建威大将军",名列"云台二十八将"的第4位。

刘秀在起兵时,就善待"文吏",他认为:"得士者昌,失士者亡。""梦想贤士,共成功业,岂有二哉!"对"忠厚之臣""循良之吏",根据他们的能力和意愿安排职务。于是"士多归之"。

第二,完善选才制度。

刘秀得天下后,完善了西汉以来的察举制。在建武十二年(36年),刘秀颁布诏令,命"三公举茂才各一人",同时"监察御史、司隶、州牧,岁举茂才各一人",自此茂才改为每年推举一次,与举孝廉一样定期推举,提升了茂才的地位,使更多具有实际才干的人才有了晋身机会。

刘秀"授试以职",给被推举的士人职务,通过工作表现来判断他们的才学和能力,没能通过考核者即被淘汰,以此杜绝选举过程的腐败。

第三,善待臣属,用人不疑。

重臣冯异镇守关中,"威权至重,百姓归心",他听说有人在刘秀面前进言,上书请求调离关中。刘秀回复道:"将军之于国家,义为君臣,恩犹父子,何嫌何疑,而有惧意?"这让冯异大为感动,打消了内心顾虑,并对刘秀更加忠心,做事不敢有丝毫懈怠。刘秀对下属"信笃任专",下属对刘秀"进退用而上无猜情"。

西汉初年,韩信等功臣被杀,落得鸟尽弓藏、兔死狗烹的下场,汉高祖刘邦也因此被后人所诟病。刘秀则"优以宽科,完其封禄",通过封侯优赏善待功臣,同时,刘秀解除大多数功臣的军权,功臣们有前朝的例子,自觉"修整闺门,教养子孙"。刘秀以"柔道"解决了功臣与开国之君的矛盾。

历史学家吕思勉评论刘秀的用人策略时写道:"光武帝是一个实际的政治家。他知道大乱之后,急于要休养生息,所以一味地减官省事。退功臣,进文吏。位高望重的三公,亦只崇其礼貌,而自己以严切之法,行督责之术,虽然有时不免失之过严,然颇得专制政治'严以察吏,宽以驭民'的秘诀,所以其时的政治,颇为清明。"

第二节　两汉时期的用人制度与实践

秦末农民大起义推翻秦朝,同时将贵族政治彻底终结。自两汉始,平民不但可以通过读书与军功走入仕途,还可以通过朝廷的征辟获得建功立业的机会。两汉的察举制使得平民可以与达官贵族子弟竞争,朝廷根据职位选人用人。

一、汉朝时期的官制

1.中央官制

(1)三公九卿

中央仍以丞相、太尉、御史大夫三公为主,丞相统协百官,掌管国家内政。丞相金印紫绶,丞相管理国家大事,其下有众多属官与幕僚,其中,重要僚属有丞相司直、丞相长史、丞相征事、丞相史等。丞相府有十几个部门,统称为"曹",管理全国各项事物,每曹的主管叫"掾",大多由丞相史兼任。

秦制,太尉掌管全国军事事务;汉初,太尉不再全权掌管军事,但其威望和地位并没有减弱,地位与丞相同等,金印紫绶。武帝建元二年,废太尉官职,后改置大司马(虚衔),东汉又恢复了太尉官称,职权方面也不同于秦朝。

汉代的御史大夫权力很大,皇帝的诏书由御史大夫转给丞相,丞相给皇上的上书,也要通过御史大夫转达。御史大夫是制衡相权的,一般由皇帝亲信担任。

三公之下为卿,汉朝沿袭秦制,名称稍有不同,职权大体与之前相同。"九卿"包括太常、光禄勋、卫尉、太仆、廷尉、大鸿胪、宗正、大司农、少府,主要负责管理皇室及中央政府的庶务。汉朝的九卿,已不再是丞相的僚属。

朝中还设有位尊而无实权的官,即太师、太傅、太保(合称"三师"),名义上三师是皇帝的顾问之官,一般用以优礼元老重臣。三师皆金印紫绶,位在三公之上,故又称"上公"。

(2)为制衡相权而设立的内朝

汉武帝时,为了限制相权,重用尚书等官,从此有了中朝(内朝)、外朝(外廷)之分。汉朝的皇宫分为"省中"(即"外庭",皇帝与大臣议事之所)与"禁中"(即"内廷",皇帝私人住所)。皇帝在内廷里决断事务,身边备有参议的官员,往往品阶较低,如尚书台(中台)诸官、诸加官(侍中、常侍、给事中等)。内朝的尚书原属少府,长官为尚书令,汉武帝后,尚书的权力愈加增大,成为当政大臣必兼的职务。东汉时,尚书渐渐成为了实际的最高行政机关。灵帝时,尚书成为独立的机关——尚书台,仍隶属于少府。

内朝参与决策,而丞相则从重要的决策者变成执行者。皇权进一步加强,皇帝的近臣与近侍决定着朝政的走向,汉朝一直有宦官与外戚干政的弊政,其根源就在于此。

汉和帝时,窦太后临朝,窦宪为大将军,外戚开始干预政事,和帝成年后,与宦官合谋消灭了窦宪,宦官也走上了历史舞台。由于宦官的权力渐渐坐大,尚书渐渐沦为行政机关。到了桓、灵二帝时,宦官当权,直接导致东汉灭亡。

2.地方官制

汉朝地方官制由郡国并行演变为郡县制,皆因汉初高祖分封子弟,后来还发生了七国之乱。推恩令后,王室封地越来越小,地方官皆由中央派驻,到东汉末年,王室衰微,地方割据,"天下大势,合久必分",400多年的统一局面终结。

(1)汉初郡国并行

西汉初,汉朝分封制与郡县制并行。汉初,刘邦剪灭异姓诸王后,封同姓子弟为燕、代、齐、赵、梁、楚、吴、淮南、长沙九王。"大者夸(同"跨")州兼郡,连城数十"。在封国内,诸王仿朝廷自置官属。"金玺绿绶,掌治其国。有太傅辅王,内史治国民,中尉掌武职,丞相统众官,群卿大夫都官如汉朝。"后来,朝廷逐渐剥夺封国的行政、人事、军事和财权。

(2)汉武帝以后的地方官制

汉朝,地方行政分为郡、县两级。武帝时又设置十三州,每州派一名刺史察事。当时,州只是行政监察区域,不是一级行政地方。

汉朝在郡设太守、都尉、监御史三官,分别管理郡内政务、军务、监察之事。西汉太守权力非常大,所属县令、县长的任免均由其荐议,郡府各属吏均由太守任免,太守掌握虎符、竹使符,节制本郡驻军。太守的俸禄为二千石,其中杰出者可以直接到中央出任公卿。西汉时,太守由皇帝直接选拔与任用,地方治理方面,西汉优于其他朝代。

太守管理着一支庞大的属僚,由这些下官分工管理地方庶务,西汉郡属吏均由本郡人出任,其中杰出者由太守推荐出任廷臣。

都尉是地方武官,边郡分置部都尉(如东部尉、中部尉、西部尉、南部尉、北部尉)。都尉之下有侯、千人、司马等职,各有治所。凡边境或要塞所在,皆置尉,百里设尉一人,士史、尉史各二人,为镇守官,隶属所在郡都尉。

公元前 106 年,武帝置刺史,以品级较低(秩六百石)的廷臣充任。十三部(后改州)各派刺史一人,巡行诸郡,以六条诏书纠察不法。刺史可以纠劾比自身品级高的官员,不可以问责比自己品阶低的下级官吏。

县是郡之下的地方行政区划。汉制,万户以上的县设县令,不满万户的县设县长。令,秩千石至六百石;长,秩五百石至三百石。

(3)东汉地方官制

东汉时,在郡、县两级,官制沿用西汉。所不同者,东汉时,州已经成为一级地方建制,地位高于郡。从此,地方行政区划由郡县变为州、郡、县三级制。

东汉将洛阳之外的地区划分为十二个州,刺史为州长官。另以京兆、左冯翊、右扶风、河东、河南、河内、弘农七郡为司隶校尉辖区,称"司隶部"(汉代州也称"部")。司隶校尉是京官。司隶校尉秩比二千石,属官有从事、假佐等。

东汉刺史有固定的驻地和官署,兼领军政,位高权重,这是东汉末年群雄并起的重要条件。

郡太守秩皆二千石,河南郡因地位特殊,其长官河南尹位比九卿,秩中二千石。诸郡各置丞一人,负责民政事务;边郡另置长史一人,负责军政事务。长史之下有司马一人,负责具体军事指挥。

东汉的县级地方建制与西汉相同。

3. 禄秩制度

两汉采用禄秩制度,即用实物俸禄来区分官员等级制度。禄,既指官员的等级,也是官员官俸的数额。根据阎步克先生的研究,两汉的官员禄秩如下表:

两汉禄秩表

	正位职官	"比秩"中央官	"比秩"地方官
万石	丞相、太尉、大将军		
中二千石	御史大夫、列卿		
二千石	典属国、城门校尉	八校尉	郡守、国相
比两千石	丞相司直	光禄大夫、中郎将	
比千石		谏大夫	
六百石	诸署令、尚书仆射、尚书		县令、州刺史
比六百石		博士、议郎、中郎	
四百石	诸署长、尚书郎		县长、县丞、县尉
比四百石		侍郎	
三百石	掾史		县长、县丞、县尉
比三百石		郎中	
二百石	掾史、尚书令史		县丞、县尉
比二百石		郎中	
百石	卒史、令史、属史		

汉代以石数为官员品秩的名称,官员的品秩以石数为差,如最高级别的地方长官又称二千石。石是度量衡,用来称量谷粟,每石为一

百二十斤（约等于今六十斤）。但在发放俸禄的时候，是钱、谷分给。按钱发给官俸的时候，谷、钱之间的换算比率是固定的，所以当粮食价格上涨的时候，官俸实际上就减少了。

二、汉朝时代的选人、用人、育人

1.选人：察举制度

汉代用人制度，以察举制最为重要。汉朝选官，除了部分恩荫入仕，主要以察举入仕。依照汉制，每年推举孝廉与秀才（东汉改称茂才）是地方官的重要考核指标之一。

除了常规的推举，汉朝时还有名目繁多的人才征召。

公元前196年，汉高祖刘邦命各公卿、郡守、诸侯王、列侯举荐贤才以供朝廷选择，违者论罪有差。

公元前173年，汉文帝下诏，命公卿、郡守举贤良方正能直言极谏者。被荐举者，文帝均亲自策问。

汉武帝时，董仲舒、公孙弘等应贤良方正入选。宣帝定例凡灾异大祸，皇帝要下罪己诏，同时令郡国选举贤良方正"以匡不逮"。

汉朝以孝治天下，特重孝廉之科。公元前166年，汉文帝下诏，命令公卿、郡守等推举孝悌（孝顺长辈、友爱亲族者）、力田（善于耕田者），为了鼓励应选者，文帝还加了物质奖励：赏赐孝者每人帛五匹，悌者和力田每人帛二匹。

秀才（茂才）也是重要的推举方向。公元前106年，汉武帝下诏，命令州郡推举军事与外交人才。

汉武帝"罢黜百家、独尊儒术"，置五经博士，按《诗》《书》《礼》《易》《春秋》分置博士。公元前51年，汉宣帝下诏在石渠阁讲儒术，讨论按照儒家的门派分置博士官。公元前49年，共置五经十二家博士。博士比六百石，往往可以越级提拔，出任九卿、太子太傅、大夫、侍中等重要官职,外放即为郡守、尉、诸侯相、刺史。博士出身的官员,有很多最后出任御史大夫、丞相的。博士官的任命以学术为首要条件,选择非常严格。《汉书·儒林列传》说:"其不事学若下材及不能通一艺,辄罢之;而请诸不称者,罚。"

地方推举的人才,还需要经过考试复核;复核合格后,才能量才录用。东汉时,考试更加重要,形成了察举与考试相结合的选士制度。

2. 汉朝官员的考核与监察

汉代官员的考核沿用秦制,两汉称课、考课、考试或考绩等。汉代的监察制度更加完备。

(1)两汉官员考核制度

两汉沿用了秦的上计制度。在中央,由丞相、御史大夫主管郡国上计。丞相负责年终考核,然后将考核结果报于皇帝,根据成绩对官吏进行赏罚。御史大夫负责审查上计的真实性。地方由太守主管所属各县上计。郡国上计时间在年终,各县上计在秋冬,以便郡国汇集材料向中央汇报。

(2)两汉监察制度

西汉前期,监察体系沿袭秦制,御史府的监察对象是中央官员,丞相府会临时派遣官员,监察除诸侯王国之外的郡县官员。诸侯王国的监察机构,负责监察诸侯王左右官员及王国所辖郡县及其长吏。

汉武帝时,开始重视中央对地方的监察。公元前106年,汉武帝设置刺史一职,监察所属地方官员。13个州的刺史隶属于御史府,由中央御史中丞具体督管。州刺史秩卑(六百石)但权重(负责监察地方两千石长吏),可以弹劾贪赃枉法的高官。

刺史虽然权重,但其监察内容有严格规定,以此避免刺史滥用监察权力。刺史的监察范围共有六项("六条问事"),这六条包括:一,地方势力抢占土地,恃强凌弱、暴虐百姓;二,郡守贪赃枉法,鱼肉百姓;三,郡守胡乱断案,制造冤假错案,伤害百姓、败坏风俗;四,郡守用人不当,包庇亲信,排挤贤良;五,郡守子弟走后门;六,郡守依附地方豪强,官商勾结。

西汉中期,在郡一级设置督邮,对县级官员进行监察,督邮只有监察权,他们定期巡察郡内诸县,向郡太守汇报。

自此,汉代的监察体系建立起来:御史府监察中央级官吏;刺史监察州郡两千石官员;督邮监察县级官员。中央通过三级监察体系实现了中央对百官的监察。

3.汉朝的人才培养

汉朝时,既有完备的官学,也有广泛的私学机构。

(1)官学

汉代的官学有中央和地方两种。武帝时设置太学,是中国古代第一所公办学校,专门培养才学之士。此外,还有"鸿都门学""四姓小侯学"等特殊教育机构;地方官学也有两种,"郡国学"与"校""庠""序"等。

汉代太学的教师称为"博士",隶属太常,除了教书育人,还要为皇帝提供咨询,参与议政,或巡访地方。太学的首席博士西汉时被称做"仆射",东汉时称"祭酒"。一般由学问、品德俱佳的名儒担任。太学的学生称"博士弟子"或"弟子",东汉时称"诸生"或"太学生"。

太学生有太常选送的年满18岁的男丁,也有地方选送的学生,多是贫寒子弟。东汉时允许明经科考试落第者补为太学学生。

汉朝除太学外,还有专门为皇室宗亲子弟及外戚权贵等开设的宫邸学校和以文学、艺术见长者设立的鸿都门学等。

地方官学始创于景帝末年,蜀郡太守文翁推行教化,先从郡吏中选派聪慧者十余人到长安,就学于博士,几年后,这些人学成归蜀。

文翁在蜀郡立学,招收属县子弟入学,学成者给予重用,或推荐到朝廷作官。蜀郡从此学风大盛。公元3年,汉平帝颁布地方官学学制,要求各级地方设学:郡称"学",县(县、道、邑、侯国)称"校",乡称"庠",村落("聚")称"序"。学、校置经师一人,庠、序置《孝经》师一人。

(2)私学

汉代学童的启蒙主要靠私学。教师称"塾师",教幼童识字、习字。西汉初,塾师将《苍颉》《爰历》《博学》合并为《苍颉篇》,作为童蒙教材。元帝时史游作《急就篇》,广为流传,童子皆读。《急就篇》以识字为主,介绍各方面常识,如丝织、植物、动物、农产品、自然常识、疾病药物、身体器官、乐舞礼器、官职名称、各种杂物品类。

识字后,学生开始学习《孝经》《论语》。

有志于学的青年可以到"经馆""精舍""精庐"等私学学习,这类学校往往由知名大儒做老师,教学水平不亚于太学。有的大师名气大,很多人慕名欲拜为师,却因为学生太多,只在大师门下挂名,称"著录弟子"。汉代经学大师的弟子能多至万人,但同时在师门下受教的至多不过数百人。

西汉中期,私学的学习和教学经历也成为选仕、做官的重要依据,许多家住远离京师的地方子弟跟随大儒学习,也能获得举荐的机会。汉朝私学对受业者来之不拒,学生也可自由择师。汉朝私学兴盛,使得社会下层有更多受教育的机会,整个社会的教化水平因之水涨船高。

三、汉武帝的用人成为汉代政治转型的关键

汉武帝执政长达54年,他的一生波澜壮阔,征匈奴、开辟西域,完善王朝治理体系,推崇儒学,可谓文治武功。汉武帝不拘一格,提

拔重用了许多草根出生的文官与武将,成就了不世功业。

汉初,匈奴是中原王朝的主要威胁。公元前138年,汉武帝听说匈奴人与大月氏有世仇,便招募勇敢之士出使大月氏,联兵共击匈奴。张骞"以郎应募,使月氏"。同年,张骞带一百多人从长安出发,踏上漫长而凶险的探险之路。张骞等人先遇上匈奴军,被困十年,期间他学会了匈奴的语言,并且了解了西域各国的情况。张骞逃离匈奴后,继续西行,至大宛,经康居,抵达大月氏,再至大夏。一年多后,张骞从南道返回,路上又被匈奴人捉住,一年后才找机会逃跑。公元前126年,张骞终于返回长安,向汉武帝详细报告了西域情况,武帝授以太中大夫。

像张骞这样的低级官员应诏被武帝重用立下大功的还有主父偃。主父偃出身贫寒,上书陈事而被汉武帝看重,先拜为郎中,一年内升官四次。后来主父偃上"推恩令",解决了困扰朝廷多年的封国问题。汉武帝时,大量平民布衣被量才使用,"汉之得人,于兹为盛"。

汉武帝推行察举制不遗余力,使更多的有用之才不会因出身和资历而被埋没。

另一方面,汉武帝一直在削弱相权,用铁血政策消灭外戚势力,以便大权独揽。汉武帝重用赵禹、宁成、张汤、义纵、王温舒等酷吏,屡兴大狱,酷吏制造了无数宫廷惨案,总共杀掉两位皇后(陈阿娇、卫子夫,同时消灭了皇后背后的外戚势力)、一位太子(刘据)、数位公主,逼死皇子刘弗陵的生母钩弋夫人,清算了六位丞相(李蔡、严青翟、赵周是自杀,窦婴、公孙贺、刘屈牦是被杀)。

汉武帝死后,尚幼的刘弗陵继位,大将军霍光辅政,丞相权威被削弱,近臣(外戚与宦官)便有机会借皇权之威弄权。这是汉武帝削弱相权埋下的导致西汉覆亡的祸根。

第三节 两汉时期用人略评

汉朝任人唯职的基础是察举制度。与世卿世禄、军功制相比,察举制度优势明显。一种制度运行日久,其弊端便会滋生。察举制也不例外。

一、两汉时期用人的成功经验

1. 以文治取代武功

西汉初年,刘邦君臣吸取秦亡教训,及时转向文治为主。汉朝的察举,举孝廉与举秀才,都是要将地方杰出的读书人拣选出来,充任官吏,以此纠正了秦朝以军功及文法吏为官的弊端,很大程度上实现了"王霸道杂之"的治国理念。

两汉 400 多年间,文官的重要性重于武官,丞相与大将军彻底分开。帝国大部分时间由文官治理。文官根据法律治理国家,休养生息的政策更容易推行。

2. 察举制使任人唯职成为现实

察举制比之前的世卿世禄制而言,选材范围更大了。到了汉朝,家庭出身不再是选士任官的依据。只要有真才实学、社会威望,值得称颂的品行,就有机会登上仕途。

汉代察举名目繁多,除了常规的孝廉、秀才,还有明经、明法、贤良方正、直言极谏、孝悌、力田等十几种,朝廷通过这种模式,从地方征召专业人才。汉代的察举制度是由熟悉地方情况的州郡长官亲自操办,并将察举作为考核官员的重要指标,这样一来,地方官就会重视本地的人才培养与考察。

汉朝地方官推举某人后,还要对被察举者进行考察,通过一年

"实习"来判定被察举者能否胜任。如果士人不能胜任，推荐者也会受罚。在东汉时，还加了策问与考试，东汉顺帝采纳左雄建议，对征辟的贤才进行书面考核，考试内容包括儒家经典和文书、表奏。公府初试后，再去御史台复试，以此筛掉名不副实者。

察举制选人，不论是孝廉还是秀才，都是通文墨的精英，具备行政的基本能力，通过实习，再根据个人能力和志向进行分配，这些人成为能吏的几率要高于其他朝代。因此，汉代吏治备受后世称誉。

汉朝的察举制有利于中央集权，汉武帝以后，汉代地方官吏任免都由中央朝廷掌控，尤其是郡守的人选，更是慎之又慎。汉代郡守与公卿的秩禄都是二千石，显示了中央王朝对地方的重视。察举制鼓励地方向中央输送人才，地方上有充分基层经验的官吏得以到朝廷中做官；朝廷以职位选人，而不是像世卿世禄制那样因人设职，同时也规避了秦朝只重军功与律令的弊端，朝廷因此有各种各样的人才。

汉朝大多数时候，察举制运作良好，察举保证了中央能够极大地选贤任能。

二、两汉时期用人的弊端和教训

汉朝地方自主权大，察举是地方官的权力与责任，当地读书人的命运与前途都掌握在地方官手中。被推荐者与推荐人之间关系密切，长此以往，官吏之间容易抱团，从而形成地方集团。到了东汉中后期，地方就有了"四世五公""累世公卿""累世经学"的官僚门阀集团。

地方人才举荐被门阀集团垄断，他们选士时不再以学问与人品为准则，而是推荐与自己家族有利益关系的名门望族的子弟。中国古代史专家朱绍侯先生说过："一部中国政治制度史证明，不论是何种官僚制度，一旦变成世袭制，它便很快就要腐朽下去。"那时，百姓讽刺被士族把持的察举制："举秀才,不知书。举孝廉,父别居。寒素白浊如泥,高第良将怯如鸡。"

汉朝以孝治天下,孝廉就是考察人品,一些伪君子(如王莽)沽名钓誉,以谦恭之态赢得声誉,一旦得到权力,就卸下伪装,为所欲为。德行考核全靠地方乡间的评议,到东汉后期,"清议"成为潮流。出生于显贵的世家子弟只会纸上谈兵,空发议论,"刻情修客,依倚道艺,以就声价","清议"成了那些伪君子捞取政治好处的资本,而那些有真才实学者,则被排挤出仕途,其遗风影响深远,魏晋政治败坏,根源即在于此。

两汉政治能长达 400 多年之久,很大程度上得益于察举制的有效推行。汉朝任人唯职,是我国历代王朝中用人的典范。汉代名臣良牧层出不穷,既有开拓进取的将军与外交家,又有守城持重的良吏。在全社会重视教化的环境中,经师们将儒学经典发扬光大,同时又以积极开放的心态迎来佛教文明。所有这些成就,都是由汉朝人完成的。

汉末,天下大乱,大一统局面结束,中国历史进入一段混乱与黑暗的时代。用人方面,九品中正制取代了察举制,成为之后选官吏的主要途径。

任人唯品

门阀政治为主流的魏晋南北朝

魏晋南北朝(公元 220 年—589 年),是我国历史上一段分裂时期,政权如走马灯一般更迭,从曹魏代汉到隋灭陈的 360 多年间,南北方有 30 多个王朝交替兴灭。司马氏衣冠南渡后,黄河流域的华夏故地被北方少数民族政权蹂躏,史称"五胡乱华"。在战乱中,地方大族势力崛起,门阀世家垄断了朝政,九品中正制成为魏晋南北朝时期选人的主要制度,形成"上品无寒门,下品无氏族"的朝廷格局。北方经过十六国之乱后,进入北朝。北魏孝文帝推行汉化政策,并进行了政治体制改革,重用胡汉豪族,为后来隋统一天下奠定了基础。

第一节　魏晋南北朝时期的用人思想

经历了 400 多年的大一统王朝后,我国又进入一个国家大分裂、民族大融合的时代。魏晋南北朝政权更迭频繁,战乱纷繁,经济破坏严重,乱世中,佛教开始流行。从东汉末年起,士林开始流行月旦评,清谈之风日盛,《人物志》《世说新语》等作品反映了时人的人才观,而北魏孝文帝的用人策略也反映了当时胡汉交融的现状。

一、魏晋门阀政治是"用人以品"的根源

1. 魏晋南北朝时期的政权更迭简述

公元 220 年,曹丕逼迫汉献帝禅让,建立了曹魏政权。此时尚是魏蜀吴三足鼎立格局。公元 265 年,曹魏的重臣司马炎仿照曹丕,废魏元帝曹奂,建立晋朝。公元 280 年,西晋灭掉孙吴,统一中国。

西晋和平稳定的局面不过十几年,就发生了八王之乱,内乱导致朝廷元气大伤,内迁的少数民族政权乘机举兵,北方大乱。公元 316 年,刘渊族子刘曜攻占长安,司马氏仓皇南渡。西晋灭亡,北方进入五胡十六国时期。

公元 317 年,晋朝宗室司马睿于建康(今南京)称帝,史称"东晋"。东晋王朝内政不振,无力收服北方,王朝内部内乱不断,公元 420 年,刘裕篡东晋建立新朝,国号为宋。此后,南方又经历了齐、梁、陈三个王朝,史称"南朝"。

再看北方。自公元 304 年刘渊称王起,北方各族纷纷起兵,从此进入十六国时代,共有五个民族各自建立十六个规模较大的王国,包括成汉(巴氐人李氏)、夏(匈奴赫连氏)、前赵(匈奴刘氏)、后赵(羯族

石氏)、前秦(氐族苻氏)、后秦(羌族姚氏)、西秦(鲜卑族乞伏氏)、前燕(鲜卑族慕容氏)、后燕(鲜卑族慕容氏)、南燕(鲜卑族慕容氏)、北燕(汉族冯氏)、前凉(汉族张氏)、后凉(氐族吕氏)、西凉(汉族李氏)、南凉(鲜卑族秃发氏)、北凉(匈奴族沮渠氏)等。

北朝(公元386年—581年)承继五胡十六国,共历北魏、东魏、北齐、西魏和北周等五朝。

公元581年,隋朝建立。589年,隋灭陈,魏晋南北朝正式结束。

魏	晋	南北朝
·魏(220—265),曹丕所建,都城洛阳。 ·蜀(221—263年)刘备所建,都城成都。 ·吴(222—280年),孙权所建,都城建业。	·西晋(266—316),司马炎所建,都城洛阳。 ·东晋(317—420),司马睿重建,都城建康。 ·十六国(304—439),北方少数民族政权大混战,共有五个民族建立了十六个规模较大的王国。	·南朝:都城建康,共包括四个朝代,宋(420—479),刘裕所建;齐(479—502),萧道成所建;梁(502—557),萧衍所建;陈(557—589),陈霸先所建。 ·北朝:386年,鲜卑贵族拓跋珪建北魏,399年在平城(大同)称帝,439年统一北方,493年孝文帝迁都洛阳。534年分裂为东魏与西魏,东魏都城洛阳,550年,高洋篡夺帝位,建立北齐;西魏建都长安,557年,宇文觉篡夺帝位,建立北周,577年灭北齐,统一北方。581年,被隋所代。

魏晋南北朝政权更迭

2.士族门阀政治兴衰

东汉以来,士族崛起,各地的豪强地主享有许多特权。他们通过察举制度将同族或宗亲推举到中央和地方做官;经济上兼并土地,建立庄园,逐渐成为名门大族。

曹魏时实行九品中正制,标志着士族门阀政治成为主流。司马氏代曹后,为了拉拢士族,给予士族更多特权,司马氏南渡后,依靠南北方大族维持其统治,门阀政治走向鼎盛。东晋的四大豪族王、庾、桓、谢把持朝政,左右政局,朝中文臣武将都出自这些名门。这些豪族利用政治特权,占有大量土地人口。

高门士族不与寒门通婚,因此谱牒之学大兴,士林崇尚清谈玄学,不通庶务。出身阀阅之门就可以获得高官厚禄,士族子弟因此不思进取,只知道享乐,整个士族阶层腐朽堕落,东晋政治越来越败坏。

到了南朝,庶族出身的将领以军功崛起,宋齐梁陈的开国皇帝都出身寒门,他们通过武力发动政变,改朝换代。隋唐废止九品中正制,以科举取士,从此,取士不问家世,婚姻不问阀阅,门阀士族制度最终消亡。

3. 从胡汉分治到胡汉融合

西晋八王之乱后,北方的少数民族政权在黄河流域展开混战,北方陷入兵火。当时,北方胡族依然是部落制的社会组织形式,要统治北方地区,首先要解决民族矛盾。最初,胡族君主采取简单的胡汉分治政策。十六国时期初期,前赵、后赵都设置了大单于,由宗室担任,下设左右辅及其他官吏,"以胡、羯、鲜卑、氐、羌豪杰为之"。这一时期,胡汉矛盾、胡族统治阶层内部矛盾,多重矛盾混杂一起,政权极不稳定。

前燕重用汉人士大夫,采用侨置郡县政策以吸引、安置汉人,并建立一套汉族官僚体制,将士人吸纳进入前燕政权之中,但军事权力仍掌握在前燕贵族手中。

前秦时期,胡族体制逐渐被汉化体制取代。苻坚统治期间,重用王猛等汉人官僚,打击氐族权贵,建立了强大的中央集权体制。

淝水之战后,前秦崩溃,随后崛起的是鲜卑族建立的北魏政权。太武帝拓跋焘统一北方,其中汉人崔浩居功至伟。作为北方士族领袖,崔浩积极帮助北魏招揽北方士族,扩大了统治基础,同时推进鲜卑贵族的汉化进程。然而因为积极推行门阀政治,"齐整人伦,分明姓族",在民族矛盾重重的北魏朝廷,崔浩树敌过多,最终因国史案落得灭族的下场。

三十多年后,文明太后(冯太后)主持太和改制,继续推进汉制改革。文明太后的改革对后世影响最大的当属三长制和均田制。所谓"三长",就是邻长、里长、党长,就是五家设一邻长,五邻设一里长,五里设一党长。三长的人选,几乎全部都是来自于豪门大族的人。均田制就是国家给民众授田,以此清查隐匿人口。

后来,北魏孝文帝继续推行汉化改革,他力排众议,迁都中原腹地洛阳,以此宣示北魏王朝对于中原统治的合法性。孝文帝更为激进的改革是定姓族,先从拓跋氏开始改起。孝文帝的诏书中,将"拓跋"与黄帝联系起来,称鲜卑为华夏之祖黄帝的后人,拓跋氏改为元氏就变得有理有据。鲜卑贵族拔拔氏改为长孙氏,达奚氏改为奚氏,乙旃氏改为叔孙氏,丘穆陵氏改为穆氏,步六孤氏改为陆氏,贺赖氏改为贺氏,独孤氏改为刘氏,贺楼氏改为楼氏,勿忸于氏改为于氏,尉迟氏改为尉氏。鲜卑贵族八姓的地位与中原顶级士族:清河崔氏、范阳卢氏、荥阳郑氏、太原王氏相当。同时,孝文帝又下令,王公大臣必须娶中原四姓女子为妻。孝文帝希望通过改姓和通婚,促进鲜卑与汉族贵族的血缘融合,消弭胡汉矛盾。这个改革不可能一蹴而就,直到二十年后才由北周的奠基人宇文泰通过建立府兵制逐渐完成。

胡汉分治 →	引入汉制 →	胡汉融合
・十六国早期 ・胡、汉两种治理体系，以胡制为主 ・胡汉矛盾重重，统治者以少数民族将领为主，政治结构简单	・苻坚重用王猛，加强中央集权；拓跋焘重用崔浩；太和改制 ・少数民族政权重用汉臣，改革落后的政体，文明开化	・孝文帝迁都洛阳，以华夏后裔自居；定姓族，胡汉通婚；宇文泰施行府兵制 ・重用东晋、南朝士人，改革政体；六镇之乱，新兴贵族门阀取代了旧贵族势力

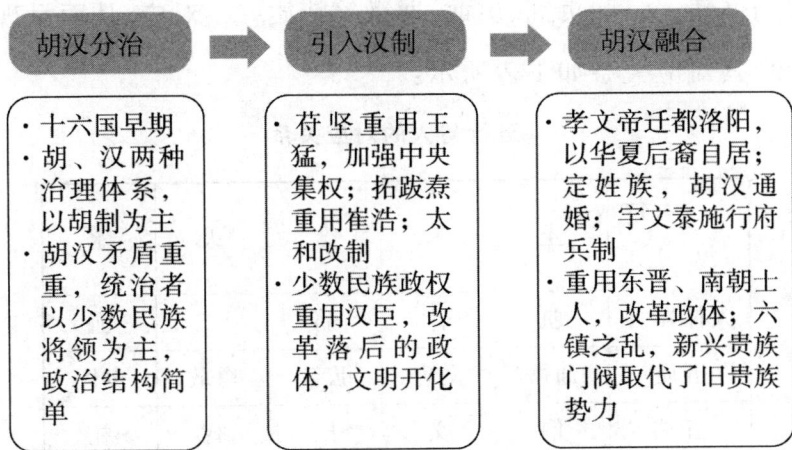

从胡汉分治到胡汉融合

二、魏晋南北朝时期的用人思想

魏晋时代，清谈风气浓厚，名士贵胄常聚在一起点评当世人物，于是便有了第一部系统品鉴人物才性的专著《人物志》。到了北魏统治北方时，少数民族的贵族中已有许多精通汉文化者。我们回看历史，知道门阀制度有种种弊端，但在文化落后的北方民族看来，要成为华夏正统，就要全盘接受汉文化，此即孝文帝用人策略的文化根源。

1. 从《人物志》看世林的人才观

曹魏时期，朝廷以九品中正制按等授官。为了识别、评定人才，刘劭奉诏作《都官考课》七十二条及《说略》，在此基础上，刘劭写成《人物志》，提出了识人的原理、原则和方法。《人物志》是我国最早的系统论述选人、用人的专著，全书分为十二篇，反映了魏晋时代士林的人才观。

首先，刘劭用当时流行的五行—五德理论从人的本性将人才做了细致的分类。他将人的筋、骨、血、气、肌与金、木、水、火、土五行相

应,又与弘毅、文理、贞固、勇敢、通微等特质一一对应,从而呈现出五种表象,其对应关系如下表所示:

五行与人的对应关系

五行 人	土	木	金	火	水
人体器官	肌	骨	筋	气	血
五质	通微	文理	弘毅	勇敢	贞固
五常	信	义	仁	智	礼
五象	德行	形貌	精神	才具	声色

人的内在表现出来就是神、精、筋、骨、气、色、仪、容、言等"九徵"。刘劭认为人的外在源自内在,通过一个人的言谈举止可以知晓人的情性。魏晋的九品考察的就是神、精、筋、骨、气、色、仪、容、言等"九徵",如果这九项都是优秀,那就是至德之人,即圣人,具备"咸而不碱,淡而不醇,质而不缦,文而不缋,能威能怀,能辨能讷,变化无方,以达为节"的美德。

九项有所偏废,即偏杂之材,有偏材、兼材、兼德之分,依照不同的才性,刘劭将专才分为十二类:清节家、法家、术家、国体、器能、臧否、伎俩、智意、文章、儒学、口辩、雄杰,每一种专才都有适合自己性情的职位。

其次,刘劭提出了"八观""五视"识人法。

所谓"八观",指的是:观其夺救,以明间杂;观其感变,以审常度;观其志质,以知其名;观其所由,以辨依似;观其爱敬,以知通塞;观其情机,以辨恕惑;观其所短,以知所长;观其聪明,以知所达。从情感、行为、能力、智力等方面观察一个人的言行,由人的行为举止、情感反应由表而深至内里,通过细节判断人才的品性。

"五视"则是指在居、达、富、穷、贫等特定情境中,考察人的品行。

最后,刘劭认为对人才应该采用"量才适用"的原则,才量不分高低,人才只有在合适的岗位上,才能发挥其才能。

2. 孝文帝重门阀的现实意义

北魏孝文帝拓跋宏是北魏王朝第七位皇帝,他由文明太后冯太后养大,于公元490年亲政。孝文帝亲政后继续推行冯太后的汉化改革政策,北宋名臣欧阳修评价他:"……去夷即华,易姓建都,遂定天下之乱,然后修礼乐,兴制度而文之。考其渐积之基,其道德虽不及于三代,而其为功,何异王者之兴!"

孝文帝推行汉化政策,在选人、用人上,他也全盘照搬了南朝的体制,选人时,看中门第。与东晋不同,孝文帝提拔的是汉族门阀,以此来提高朝廷里汉臣的比例。在孝文帝眼中,从南方来的大臣都很能干,其人才认知类似于当今社会大多数领导重视海归及外来人才的思路。

孝文帝改革中,将鲜卑八姓与中原四姓同列,从此后,汉人享有鲜卑贵族同等的入仕资格,以此拉拢汉族高门。在魏晋南北朝时代,高门大族垄断了政治、教育资源,吸纳汉人高门子弟进入政权,以此消弭胡汉差别。

孝文帝重用汉人门阀子弟,也与鲜卑本落后的文化有关。孝文帝从小接受汉文化熏陶,从文化角度讲,他已经是一位认同儒家思想的君王了。孝文帝在认知上与汉族高门子弟更为契合,同时,他有意南下统一全国,与南朝争夺华夏正统。魏晋以来,南北方的高门大族,儒家名门,都是政权拉拢的对象。

任人唯贤是儒家王道政治的重要环节。在孝文帝看来,当世的贤人都在汉族高门中。对孝文帝来说,抬高汉族门阀地位,才是扩大了选人范围,更容易选到志向与性情相投的官员。到孝文帝时,汉族高门才得到与鲜卑贵族共治的机会。

第二节　魏晋南北朝时期的用人制度与实践

魏晋南北朝的官制是从三公九卿向三省六部过渡的阶段。以东晋南朝为例,大部分时间都处在分裂与战乱中,官制基本沿用汉制,但为了适应战时需要,原本一些重要官衔变得空有虚名,而因事而设的一些职官变得重要。因此,这一时期的职官设置变得纷繁复杂。战乱时代的宰相握有兵权,是人臣篡弑时的过渡,与秦汉时的丞相已完全不同。自东汉后,中央中枢的实权逐渐移至尚书;曹魏后,中书地位上升;南朝宋文帝后,门下的地位一度超过中书与尚书。东晋以后,地方侨置州郡,州的范围逐渐缩小,州郡都督执掌与以前的州牧相差不大。魏晋南北朝官制最突出的改变是以品秩代替禄秩,这与九品中正的选官制度一脉相承。

一、魏晋南北朝时代官制的演变

1. 魏晋到南朝:三省的产生与发展

魏晋南北朝时代,很多职官成为名誉虚衔。当权臣要谋反篡夺王位时,往往以"录尚书事"出任丞相或司徒,否则宰相或司徒都是无实权的荣誉官职。"八公"(太宰、太傅、太保、太尉、司徒、司空、大司马、大将军)同样是为了延揽士族之人而设的荣誉虚衔。

魏晋南朝,中央官制最显著的变化是:三公九卿被架空,职权渐被三省取代，三省指的是尚书、中书、门下三个机构。三省互相制约，三个机构的权势也随时代变化而各有不同。

尚书本隶属于九卿之少府，早在秦朝即有。汉武帝时，尚书权力日炙，到东汉光武帝时尚书台代替了相府，独立设置官署。到了魏晋，尚书台（后改为尚书省）的职权越来越大。

尚书台作为执行机构，其组织不断扩充，分工也更为专业。当朝廷不设"录尚书事"时，尚书令为尚书台长官，与中书令、侍中共同参预朝政。其下有左右仆射等官。西晋时，尚书台设吏部、三公、客曹、驾部、屯田、度支等六曹，东晋时成为吏部、祠部、五兵、左民、度支五曹，东晋以后逐渐省并，以三四个小曹为一部，或五部，或六部不定。南朝时，改尚书台为尚书省。

中书从汉武帝时开始设置，原隶属于尚书。曹丕称帝后，成立中书省，设中书监、中书令二官，并掌机密，代替之前的秘书令。中书地位提升是为了制衡尚书台，中书省代替尚书省，有了起草诏书的权力。从西晋到南朝，中书省的中书监、中书令掌管草拟诏令、策划国政，位尊权重。

门下为秦朝侍中发展而来，侍中原是皇帝身边的侍从，到东晋时，为了制约中书省的权力，使门下省有参予朝政的权力，"备切问近对，拾遗补阙"，门下省的地位变得重要起来。

三省之所以权重，在于这三个机构互相协作完成诏书上传及下达的职责。臣下要向皇帝上奏事情，首先要递给尚书，再经由门下，最后到皇帝手中；皇帝要发布命令，传达旨意，要先让中书草拟，再经门下审核，最后交由尚书施行。如此便形成中书草拟、门下审核、尚书施政的合作制约制度。在魏晋南北朝时，这一制度还没有形成定制。

汉朝到唐朝前期中枢机构演变简表

职权 时代	政策决定	政策参与	事务执行	
汉朝	皇帝、丞相或其他辅政者	九卿	九卿	
魏晋南北朝	皇帝、三省长官	九卿	三省各部曹	九卿
		三省各部曹		
唐朝（前期）	皇帝、三省长官（制命）	尚书六部（拟定及颁发政令）	九卿、诸监	

2.北朝的中央官制

北魏政权最初依照部落旧制,设置八部大夫分管政事,部落联盟的政治体系简单,无法管理大片领土,北魏鲜卑贵族接受先进汉文化后开始自上而下进行改革。文明太后主政时对北魏官制进行了重大改革:中央设三师(太师、太傅、太保)、二大(大司马、大将军)、三公(太尉、司徒、司空)、三省(中书省、中书监、门下省)。

东魏、西魏、北齐基本沿用北魏官制。

西魏末年,苏绰等为加强中央集权,拟定改革官制的方案,计划仿照《周礼》六官制度,以天官冢宰总领地官司徒、春官宗伯、夏官司马、秋官司寇、冬官司空五官,形成五府总于天官的格局。北周武帝时,取消天官冢宰,五官直接对皇帝负责。杨坚建立隋朝后,以三省六部制取代了旧制。

3.地方官制

魏晋南北朝的地方设置,沿用东汉的州、郡、县三级制度,所不同者是州、郡的辖境日益缩小,而数量大为增加。

州是最高一级的地方行政区划,行政长官为刺史,下设别驾、诸曹、从事等长官。州下为郡,其行政长官为太守。郡下为县,以县之大小分置令、长。县下还有乡、里。

一般而言,行政与军事应分开,但战乱中,州一级往往由军府代理行政,到西晋末年都督兼任刺史已成通例,刺史加将军号也是普遍现象。魏晋南北朝时代,刺史、太守多带将军称号,权重者更有"使持节都督某州或某某数州军事"等头衔。

侨置郡县是魏晋时代的特殊产物。东晋时,因为战乱,北方大量人口南迁。由于南渡的流民中有许多世家大族,他们会带着部曲迁至南方,聚族而居,为了拉拢安抚这些大族,政府划出特定的区域安置这些大族,这些区域仍用北方的地名称呼,这便是侨州郡县。

4. 品秩代替禄秩

汉代以"石"区分官位,到曹魏时,开始以品级区分官阶。

魏晋时官阶分为九品,即九等。北魏又把每品分为正、从两种,共十八等;自正四品以下,每品又分上下阶,这样总共三十等。

魏晋时代以品秩代替禄秩,与其九品中正选人法息息相关。

二、魏晋南北朝时期的选人、用人、育人

1. 选官制度

魏晋到南朝,最具时代特色的选官方式是九品中正制。

东汉末年,战乱使得中央无法控制地方,由地方到中枢的察举制无法正常运作。为了得到地方士族的支持,将士族子弟合法地送入仕途,从曹魏开始,朝廷以九品中正取士。

公元 220 年,曹丕下诏,命陈群制定详细的取士细则。到西晋时,九品中正制渐趋完备,至隋唐科举确立前,九品中正制存续达四百年之久。

所谓"九品",是指朝廷将人才分为九等:上上、上中、上下、中上、中中、中下、下上、下中、下下。

"中正"是官名,中正官是掌管地方人才评定品级之人,中正官又有大小之分,大中正官掌管州中数郡人才定品,小中正掌管各郡人才定品。晋以后,中正官由三公中的司徒选授。小中正官由大中正官推举,司徒任命。司徒或吏部尚书兼任大中正官的情况并不少见,这是为了保证中央对选举的直接控制,避免他人对中正事务的干扰。

依九品中正制,朝廷都会给地方分发人才调查表,表内有士人的年藉、品第以及评语等空项。各地大小中正官评定等级,并撰写评语,填好表格后,中正呈交吏部,吏部依据本表核定官吏的升迁与罢黜。

中正评定的品第称"乡品",任官者的官品必须与其乡品相对应,乡品高者做官的起点(又称"起家官")为"清官",升迁较快,受人尊重;乡品卑者做官的起点往往为"浊官",升迁也慢,受人轻视。官品与乡品的对应关系如下表:

九品中正制下乡品与官品的对应关系

乡品	起家官	品评标准
上上一品	五品	
上中二品	六品	
上下三品	七品	A 家世:父祖辈的仕宦情况和爵位高低情况。这些材料被称为"簿世"或"簿阀"。
中上四品	八品	B 行状:个人品行才能的总评。
中中五品	九品	C 原则上行状重于家世,实际操作中,家世是评定的标准,阀阅子弟一般都会从"清官"做起,寒门子弟往往从"浊官"起步。
中下六品		
下上七品		
下中八品		
下下九品		

中正评议人物依例三年一次,中正对所评议人物则可随时修改,升品或降品,官品亦随之变动。晋以后,九品中正制选人家世为定品级的主要依据,于是就形成"上品无寒门,下品无士族"的局面。

随着门阀制度的衰落,隋朝废除了九品中正制。

2. 魏晋南北朝的官学与私学

魏晋南北朝因长期战乱,官学受到沉重打击,时兴时废,私学则承担了文化传承的主要职能。

(1)官学

公元224年,魏文帝在洛阳正式恢复太学。学制沿用汉朝旧制。但由于战乱,太学学生的学业水平较低。

公元278年,晋武帝建国子学,设国子祭酒、博士各一人,教授学生。公元293年,规定五品以上弟子许入国子学,六品以下子弟入太学。

北魏政局稳定,学校教育比南朝发达。北魏设有国子学、太学,创立四门小学,又开皇亲之学。在地方建郡官学,按郡的大小具体规定博士、助教及学生的名额:大郡设博士二人,助教四人,学生100人;次郡立博士二人,助教二人,学生80人;中郡立博士一人,助教二人,学生60人;下郡立博士一人,助教一人,学生40人。博士由博通经典、德高望重、年龄40岁以上者担任。学生"先进高门,次及中第",即先招收士族子弟。

(2)专科学校

公元227年,置律博士,教授刑律。公元394年,后秦姚兴在长安设律学;南朝梁武帝也增设"律博士",设置律学专门学校。南朝宋文帝开始设医学;北魏时也曾设太医博士及助教教授弟子。这是我国专科教育的萌芽。

（3）私学

魏晋南北朝时期,私学繁荣,名儒聚徒讲学,学生上百人或几千人者屡见不鲜。儒、玄、佛、道结合,是这个时期私人讲学的特色。受佛教和玄学的影响,梁朝时盛行登座讲经。

这一时期的童蒙读物也有所发展。范岫著《字训》,王褒所写的《幼训》,梁武帝时周兴嗣所撰的《千字文》,以"天地玄黄,宇宙洪荒"开头,依次叙述有关天文、博物、历史、人伦、教育、生活等方面的知识,是以识字教育为主兼有思想和常识教育的综合性童蒙读物。《千字文》押韵自然,结构简单,易于朗读背诵,一直到20世纪初依然是童蒙课本之一。

三、王猛选苻坚拒桓温的深层原因在于东晋任人唯品

桓温是东晋的重臣,苻坚是氐族贵胄,王猛则是一位隐士。王猛隐居在战火纷飞的北方。桓温大军进入关中后,王猛前去拜见。

史载王猛"被褐诣之,一面谈当世之事,扪虱而言,旁若无人",身上披着一条破麻袋,一边挤虱子一边高谈阔论。王猛论及天下大势,条分缕析,鞭辟入里。桓温对王猛很是欣赏,向王猛请教:"我奉天子之命率领十万大军进入关中,为百姓剪除贼害,可为什么关中的豪杰却没有来投奔我呢?"

王猛答道:"如今长安近在咫尺,您却屯兵于灞上,大家都不知道您究竟是什么心思,所以才犹豫观望,不敢前来投奔。"

一个多月后,桓温被前秦兵打败,只能撤走。临行前,桓温邀王猛回江南,并承诺授予高官,王猛却拒绝了。通过这次交谈,王猛意识到,桓温北伐,是要捞取政治资本,江左朝廷中,桓温这类权臣盘

踞，士族势力盘根错节，自己很难有所作为。王猛身为寒门士人，在东晋王朝，追随桓温，恐怕难得善终。于是王猛继续隐居，等待机会。

之后，氐族贵胄苻坚去见王猛，两人也进行了一番交谈，谈及兴废大事，十分投机，苻坚认为王猛就像自己的诸葛亮。王猛见苻坚具有开国君王的气度，毅然出山，为他出谋划策，成为苻坚身边最重要的谋士。

公元 357 年，苻坚自立为大秦天王，以王猛为中书侍郎，职掌军国机密。苻坚对王猛充分信任，王猛以霹雳手段整顿吏治。由于王猛执法不阿，精明强干，深受苻坚信任，"权倾内外"。

在魏晋南北朝时代，重视门第的东晋朝廷中，王猛这样的人才很难出头，这也是东晋只能偏安一隅的主要原因。

第三节　魏晋南北朝时期用人略评

东汉中后期，察举制度的弊端主要是清议导致士林沽名钓誉之徒有机可乘，弄虚作假走入仕途。而地方豪强垄断察举，形成门阀势力尾大不掉的局面，为了纠正这些弊端，才有了九品中正制。九品中正制是将察举制的内容规范化和客观化。在汉代，由地方官吏主持察举选人，到魏晋之后，中正官必须是现任京官。九品中正制的设计初衷，选人不仅看家世，更要看品行；与门第相比，德行与才能应为品评的重点。然而在实际操作中，看起来很美好的九品中正制弊端丛生，并成为魏晋门阀政治的主要推手。

一、魏晋南北朝用人的成功经验

东汉末年，群雄并立，根源在于州郡长官势力过大。汉代的州郡长官有自辟属吏的权力,州郡长官由朝廷派遣,州郡长官则有人事权与军权。州郡的官吏只对上司效忠。曹魏推崇法家政治,意图加强中央集权,曹丕希望用九品中正制取士,将人事权收归中央。

九品中正制使得官制更加标准化。隋唐以后,九品中正制虽然被废止,但品秩制度不断完善,九品分级确立了后代中央官阶分级的基本范式。

二、魏晋南北朝用人的弊端和教训

九品中正制本意在破除东汉士族控制选人的局面,而在实际操作中,则成为维护、巩固魏晋门阀统治的重要工具,可以说,九品中正制本身就是门阀制度的重要组成部分。

由于世家大族控制了人才选举,导致士族子弟不需努力就可以获得高官厚禄,因此造就了一批不懂实务、崇尚空谈的绣花枕头。

东晋书法家王羲之之子王徽之凭借家世在车骑将军桓冲手下做骑兵参军。这位公子哥对军务一窍不通。一天,上司桓冲问他:"你在我这里做什么官?"

王徽之答道:"我不太清楚,不过偶尔见人牵着马来,我大约是管马的。"

桓冲又问:"那你管多少马?"

王徽之答道:"不问马。"

王徽之没有认真工作,自然不知道自己管理了多少马匹,他只能用《论语》的典故含混其辞,企图蒙混过关。

魏晋南北朝像王徽之这样除了家世一无是处的官员比比皆是,他们占据高位,却又没有治国牧民的能力,朝廷必然腐败堕落。九品中正取士使得士族得到庇护的同时,也加剧了士族的没落。没有竞争,士族子弟只会越来越堕落,人才也越来越凋零。到南朝时,掌握实权的寒门将帅屡屡造反,而朝廷中只有碌碌无能之辈。

南朝越来越弱,北方则是另一番光景,隋文帝杨坚取代北周后,改革政治体制,北方的政权更具活力与效率。公元 589 年,隋灭陈,终结了三百多年的大分裂格局,中国历史走向下一个阶段。

任人唯贵

继承与开创的隋朝

第七章

隋朝（公元 581 年—618 年）是中国历史上承南北朝、下启唐朝的大统一朝代，国祚只有 37 年，但其开创的用人制度，对后世的影响深远。隋朝之前的三国两晋南北朝时期，一直按门第高低选拔与任用官吏，导致选人用人的实权掌握在名门士族手里，隋朝最大的突破就是废除了九品中正制，用"分科取士"取代"门第取士"，从而打破了高门大族的人才垄断。隋朝开创的三省六部制和科举制度一直被沿用到清末，长达千年之久。当时的周边国家高句丽、新罗、百济（朝鲜半岛古国）、高昌国（西域古国）、倭国（日本）、东突厥汗国等国，则直接效法隋朝的用人制度。"任人唯贵"是隋朝用人的最大特点，作为过渡性的朝代，隋朝只能在重用前朝贵族的前提下进行制度创新。"任人唯贵"有利有弊，为了克服其弊端，隋朝不断进行改革，最终也因为改革触犯贵族利益而导致灭亡。

第一节　隋朝时期的用人思想

隋朝作为一个富有创新精神的朝代,对后世中国的社会结构、政治制度、教育制度、人文思想,都产生了深远的影响。

一、独特的改朝换代方式导致隋朝用人以贵

中国古代改朝换代的方式有两种:一种是武力方式夺取政权,然后清除异己,建立自己的全新领导班子;一种是以禅位的方式篡位,和平交接权力,逐步建立自己的领导班子。隋朝立国的方式属于后者,新朝建立后,会以厚待前朝皇室显示其仁德,同时用新贵取代前朝势力。隋朝则依靠前朝贵族集团维持其统治,即陈寅恪所说的"关陇集团"。

关陇集团集结了当时关中与陇西的胡汉精英。从北周开始,大部分朝廷命官,皆出自关陇集团。而关陇集团的轴心,源自西魏"八柱国":宇文泰、元欣、李虎(唐高祖李渊祖父)、李弼(隋末叛军李密曾祖父)、赵贵、于谨、独孤信(杨坚岳父,李渊的外祖父)、侯莫陈崇。

隋朝建国者杨坚的父亲杨忠,也是关陇集团成员,但不是"八柱国"成员。杨忠曾帮助宇文家族建立北周政权,是北周政权的开国元勋。作为飞将军之一,杨忠在西魏时期,深受"八柱国"之一宇文泰的喜爱,经常跟随宇文泰打猎和打仗,在历史上著名的"潼关之战"和"沙苑之战"中曾立下大功。北周建立政权后,北齐军队多次侵犯边境,杨忠带兵出征讨伐,最终在保定四年(564 年)八月,彻底打败北齐军。后来又因为政绩突出,杨忠被宇文邕封为随国公。

杨坚 20 岁时承袭父爵,后来娶了大将军独孤信的女儿为妻,与

"八柱国"之独孤家族建立联盟；还将长女嫁给了尚是太子的北周宣帝宇文赟。北周宣帝继位后，杨坚就以皇亲国戚的身份居柱国、大司马等要职。由于周宣帝暴虐荒淫，不理朝政，杨坚趁机结交党羽，建立了一个强有力的政治组织。公元580年，北周宣帝去世，年仅8岁的北周静帝宇文阐继位，杨坚入朝辅政，掌握军国大权。此后逐步安插亲信，在朝中安插高颎、苏泰等重臣，在军中拉拢杨素、杨林、韩擒虎、贺若弼等名将，在这些人的帮助下，铲除了北周宗室中最有实力的赵、陈、越、代、滕"五王"，镇压了尉迟迥、司马消难等人的兵变，彻底控制了北周政权。万事俱备后，杨坚上演了一场禅让大戏。

公元581年2月，北周静帝宇文阐禅让于丞相杨坚，杨坚多次"婉拒"后才接受。对此，《隋书》有记载：

"大象二年五月……内史上大夫郑译、御正大夫刘昉以高祖皇后之父，众望所归，遂矫诏引高祖入总朝政，都督内外诸军事。……十二月甲子，周帝诏曰：'天大地大，合其德者圣人；一阴一阳，调其气者上宰。……加玺绂、远游冠、相国印、绿綟绶，位在诸侯王上。隋国置丞相已下，一依旧式。'高祖再让，不许。乃受王爵、十郡而已。诏进皇祖、考爵并为王，夫人为王妃。……癸丑，文武百官诣合敦劝，高祖乃受。(《隋书·帝纪·卷一》)

隋朝之前的统治者，面对士族门阀，采取的措施多以打击为主，却屡屡失败。隋朝建立后，杨坚在总结前人经验的基础上，采取了和前朝贵族和平共处的柔性政策。这一政策的效果可谓显著：中国自西晋末年以来分裂长达近300年，隋文帝经过短短20多年的时间，就开创了开皇之治的繁荣局面。

隋朝鼎盛时期，人口显著增加，超过六千万。耕地面积破五千五百万顷,粮食储备有"唐朝吃着隋朝留下的粮食"一说。这要归功于先进的粮食仓储技术,以考古发现的洛阳含嘉仓为例,红烧土作底,底部铺草木灰,上铺木板,木板之上铺席子,席上垫谷糠后再铺席子。有了这样的防潮技术,粮食的保存期自然就长了。隋朝国库钱财充足,令后继者大为感慨,《贞观政要》中有这样的描述:"府藏皆满,无所容,积于廊庑","天下积储,得供五六十年"。

国力强盛的隋朝开凿了沟通中国南北的大运河,修驰道,筑长城,并对周边展开征讨,扩大了隋朝版图。强盛时东西九千三百里,南北万四千八百一十五里。《资治通鉴·隋纪五》如是盛赞:"隋氏之盛,极于此矣。"

可以说,隋朝的繁荣昌盛,得益于长时间与门阀豪族的和平相处。杨坚靠"禅让"方式建国,门阀豪族势力相当强大,如果不能好好安置他们,对于王朝生存无疑是不定时炸弹。亲眼见证南北朝时期一个门阀取代另一个门阀的杨坚,在建国后思考一个问题:如何在重用贵族的同时,制衡贵族的发展壮大。

二、贵族本位与以才授官:隋朝用人思想的核心

杨坚在巩固皇权后,开始尝试启用山东集团。山东集团是与关陇集团抗衡的北方权力集团,因为不满关陇集团"八柱国"长期垄断高层职位,动辄出将入相,山东集团在杨坚夺取皇位的过程中,给予了强力支持。山东集团之所以支持杨坚,原因就在于杨家不是"八柱国"成员。迫于"八柱国"贵族的威慑,杨坚一直不敢重用山东集团,直到统治后期才启动少数山东士族。

隋炀帝杨广即位后,在重用山东士族的同时开始大胆起用江南士族。这是由于杨广在江都有长达十年的政治生涯,其政治势力也在此形成。南方士族是他夺取最高统治权的最有力支持者。杨广即位后重用江南士族,来抑制关陇贵族,也理所当然。

无论是"关中本位"还是重用江南士族,体现的都是"贵族本位"的用人思想。而为了避免选人不精、滥用贵族,隋朝摒弃了南北朝只看门第、不重才学的选官制度,坚持以才授官。

杨坚曾对吏部尚书韦世康说,"朕夙夜庶几,求贤若渴,冀与公共治天下,以致太平。"(《隋书·韦世康传》)隋之前的历朝中,凡外戚之家,常有以皇后之权获取高位厚职的,而杨坚在位时,"内外亲戚,莫预朝权,昆弟在位,亦无殊宠"。也就是说,杨坚重用贵族但不滥用贵族,更重用有贤才的贵族,这是前代一些帝王所不及的。在杨坚"求贤若渴"的努力之下,隋朝在短短的几年间,拉拢到一大批人才,如后来的宰相高颍、苏威、李德林、虞庆则等,文官杨尚希、长孙平、元晖、苏孝慈、刘仁恩、韦世康、牛弘、宇文恺、宇文强等,良将杨素、韩擒虎、贺若弼、史万岁等,文人卢思道、薛道衡、李元操、魏澹、许善心等,他们为隋朝的政权巩固立下了汗马功劳。

隋炀帝杨广用人也重才学不重门第。对于贵族子弟的选拔,隋炀帝规定"自今已后,唯有功勋,乃得赐封,仍令子孙承袭。""旧赐五等爵,非有功者皆除之。"他比杨坚更进了一步,不断在关陇集团之外寻找新的人才。《隋书·炀帝纪上》记载:"王好文雅,招引才学之士诸葛颍、虞世南、王胄、硃瑒等百余人以充学士。"

碍于客观现实,隋朝继承了南北朝贵族本位的用人传统,但通过以才授官,扭转了魏晋南北朝的门阀专制局面。隋朝突破门第、重视才学的用人思想,其积极意义影响至今。唯才是举、论功行赏,成为历代统治者的用人方略。

第二节　隋朝时期的用人制度与实践

清代史学家赵翼说："古来得天下之易，未有如隋文帝者，以妇翁之亲，值周宣帝早殂，结郑译等矫诏入辅政，遂安坐而攘帝位。"（《廿二史札记》）杨坚以"禅让"和宫廷政变的形式建立隋朝，如此"轻而易举"地称帝，是要付出相应代价的。如何处理皇室与贵族的关系，如何防止贵族壮大并取而代之，始终是隋朝两代皇帝管理实践的头号任务。为此，隋朝在继承旧制的基础上，进行了制度创新。在用人上，设立三省六部制；在管人上，设立监察制；在选人上，首创科举制；在育人上，大兴学校教育。

一、隋朝的官制

隋文帝建立隋朝后不久，接受大臣崔仲方的建议，废除北周实行的六官制，建立三省六部制。《隋书·百官志》记载：

"高祖既受命，改周之六官，其所制名，多依前代之法。置三师、三公及尚书、门下、内史、秘书、内侍等省，御史、都水等台、太常、光禄、卫尉、宗正、太仆、大理、鸿胪、司农、太府、国子、将作等寺，左右卫、左右武卫、左右武侯、左右领、左右监门、左右领军等府，分司统职焉。"

三师、三公是毫无实权的虚衔。国家职能落到了尚书、门下、内史、秘书、内侍等部门手里，而不再归某位大臣执掌。而在五省中，秘书省负责管理国家藏书，内侍省是皇帝的近侍机构，管理宫廷内部事务。尚书、门下、内史才是真正执掌国家权力的中央枢纽部门。

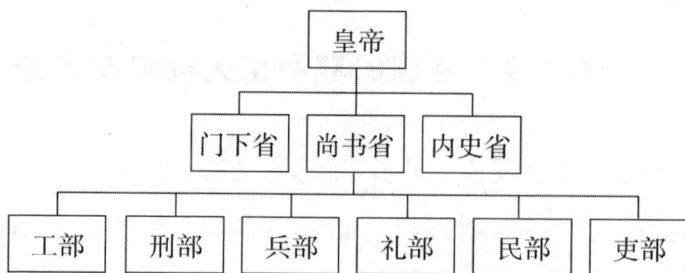

隋朝三省六部架构图

"三省"中，内史省（唐朝初期改为中书省）是决策机构，就军国大事、重要官员的任免等事项，替皇帝起草诏旨；起草之责主要由中书舍人负担。门下省是审议机构，负责审核朝臣奏章，复审中书诏敕，认为不当者，可以驳回，称"封驳"，驳正之权主要由给事中掌握。

尚书省是执行机构，掌握实权，地位很高，《隋书·百官志》如是评价，"尚书省事无不总"。

尚书省的总长官为尚书令，其地位相当于过去的宰相。事实上，隋朝对尚书令这个职位几乎没有授人。纵观整个隋朝，只有杨素一人曾短暂担任过尚书令。杨素出身关中十族弘农杨氏，因为支持杨广成为太子，杨广即位后，得到重用。后汉王杨谅叛乱，杨素平定了汉王杨谅，功劳过大，隋炀帝才赐其尚书令。那么，杨素位极人臣结局又如何呢？杨广担心他"恃功骄倨，朝宴之际，或失臣礼"（《资治通鉴》），一直对其实施监控。甚至在杨素去世后，杨广还同人讲，"使素不死，终当夷族"。杨素之子杨玄感听到此话，惴惴不安，最后终成为隋末最早的叛乱者。

隋朝第二个官职接近尚书令的是高颎。隋文帝在任命他担任尚书左仆射的时候明确说过，"仆射，国之宰辅，不可躬亲细务，但三五日一度向省，评论大事"。高颎执政近20年，因他反对废太子杨勇，得罪了隋文帝和独孤皇后，被免官为民。隋炀帝时再度得到起用，但因为看不惯隋炀帝的执政方式，与贺若弼同时被杀。

从杨素和高颖的经历，我们可以看出，隋朝通过"三省分立"措施，对中央高级官员的任用获得了实际掌控权，贵族家族已无法权倾朝野、为所欲为。

隋朝面临的第二个棘手问题是，防止贵族在地方壮大。六部的设立，就是为了斩断关陇贵族的扩张根基。

六部中，"吏部"主管官吏的任免和考核。南北朝时期，贵族大臣有权自己选择合适的幕僚以及其他下属官吏，贵族就是如此壮大的。皇权强大时，贵族俯首称臣；皇权式微时，贵族就各自为大，形成了极不稳定的局面。吏部的设立，让九品以上官员的任免权回到了国家手里，这样关陇贵族无法私自扩充人员。隋朝还对各个职位的任期做出了详细规定：州县长官三年一换，下属官员四年一换，且不得连任。流动调职措施有效避免了贵族间的抱团行为，贵族之间盘根错节的老问题得到了缓解。

二、隋朝的选人、用人、育人

魏晋南北朝时期实行的九品中正制，使得人才的选用、任用与教育，都牢牢掌握在地方世家大族手中。隋朝开始，对用人制度进行了彻底改革。

1. 选人：开创科举取士制度

隋朝在选人方面，对后世影响最大的创举当属创立科举制。

隋文帝推行科举制，旨在广纳人才，突破地方贵族对人才的垄断。突破门第限制，分科类按考试成绩择优录用人才，这种做法，可以让寒门士子入朝为官，从而大大降低朝中的家族势力。寒门士子当官最大的好处是可控性强,因为没有大家族作为依靠,他们只能依附于皇帝,听命于皇帝。

公元587年,隋文帝杨坚下令各大州郡每年贡选三位人才至中央应考,合格即可做官,此举标志科举制度的诞生。

隋炀帝即位后,积极推广科举制,真正给中下层读书人提供了入仕之途。公元622年,中国第一场科举考试正式举行。

隋朝一共选拔出十三名进士:隋文帝时,进士刘焯后被任命参与国史编修;进士侯白获五品官但很快病逝;进士王贞被授予县尉之职;隋文帝时进士杜氏三兄弟——杜正玄、杜正藏、杜正伦,因为少年登科,声名远播,但并无担任要职,只有杜正伦到了唐太宗朝时才担任中书侍郎;进士韦云起,曾率军会同突厥讨伐契丹,俘虏四万余人口;进士房玄龄,被授命羽骑尉,到了唐朝大放异彩。隋炀帝时,进士孔颖达,是进士刘焯的学生,也是到唐朝才得到重用,掌管全国教育,参与编修《隋书》;进士杨纂,担任朔方郡司法书佐;进士张损之,官至侍御史诸曹员外郎;进士孙伏伽,后参加唐高祖举办的科举考试,名列第一,被称作中国历史上第一位正式科举状元。

可以看出,隋朝并没来得及给寒门人士广开入仕大门,所选人才也没来得及委以重任。但是,隋朝总共为唐朝培养出三位宰相,足见科举制选人"唯才是举"之实。

隋朝开创的科举制,成为历朝选拔官吏的主要制度,一直维持了1300多年。

2. 监察:三台监察制

秦汉开始,中央就设立御史,负责监察事务。南北朝时期,称其官署为御史台,负责纠察、弹劾官员。隋朝不仅沿用御史台,还增设司隶台和谒者台,"三台"共同组成了隋朝的行政监督监察体系。

御史台负责监督中央官员,其中一个重要职责是对朝廷礼仪实施监督检查。隋文帝时,要求御史台成员必须尽职尽责。有一次,当值御史对朝会上衣冠佩剑不整的武官没有及时指正弹劾,隋文帝对这一失职行为非常愤怒,"尔为御史,何纵舍自由"。这位御史当即被斩首。通过御史台严苛到位的监督,隋朝中央组织机构官员纪律严明。

司隶台和谒者台负责监督地方官。司隶台经常到全国巡察,内容包括:(一)监察地方官理政能力;(二)监察地方官贪污情况;(三)监察地方豪强的违法行为和地方官滥用刑罚的情况;(四)监察地方官是否隐瞒水旱虫灾和枉征赋役;(五)监察地方官对违法乱纪者是否隐而不申;(六)监察地方官对德行孝悌、茂才异行者是否重用。这六项被称作"六察"。

谒者台则通过出使慰问、持节授官、受理申奏等方式,间接达到监察地方官员的目的。

隋文帝曾经派屈突通到陇西一带(今甘肃陇西)巡察直属朝廷的牧群,结果查出两万多匹隐瞒未报的马匹。隋文帝大怒,一气之下要把太仆卿慕容悉达和1500名涉事地方官员全部处死。后来在屈突通的再三求情下,这些官员才得以保全性命。

隋炀帝时,曾令薛道衡巡察百官。薛道衡调查后逐一据实禀报,他对宰敬肃的评语是"心如铁石,老而弥笃",炀帝点头称好。成语"铁石心肠"由是而来。

隋朝通过"三台"监督监察体系,对中央和地方官员起到了震慑作用,其开创的"三台"监督监察体系也被后世继承了下来,唐朝在御史台下分设台院、殿院和察院"三院"。台院弹劾士公大臣,殿院监察殿庭供奉仪式,察院主要监察各地方行政官吏。到唐玄宗时,地方监察开始以一道巡按的方式进行,形成了"三院一道"的行政监督监察体系。

3. 育人:兴办学校

因长期战乱,南北朝时对学校教育不够重视,导致"世事所以未清,轨物由兹而坏"。隋朝从立国伊始即重视学校设置。隋朝的学校主要有三类:国家学校(国子学、太学、四门学、书学、算学)、州县学校、民间学校。据《随书·百官志下》,隋设国子寺,成为专管文教事业的独立部门,设祭酒一人为主管,下有主簿、录事各一人,统领各官学。这是中国历史上中央设立专门教育行政部门和教育行政长官的开端。

隋炀帝即位后,继续大力兴办教育事业。唐人封演在《封氏闻见记》中记载:"炀帝即位,复兴教诱。"杨广恢复了被杨坚废除的国子监、太学以及州县学,"复开庠序,国子郡县之学,盛于开皇之初。征辟儒生,远近毕至,使相与讲论得失于东都之下,纳言定其差次,一以闻奏焉"。杨广在兴学诏书中颁布了整套培养选拔人才的纲领,强调统一王朝要有全新的教育,"君民建国,教学为先,移风易俗,必自兹始。"

教育事业的大力发展,为各类人才的培养搭建了广阔的平台。隋朝在兴办学校教育的同时,在培育机制上也有许多创新。如开设专门教育,培育专门的人才。综观隋朝的专门教育,分类详细,有书学、算学、医学、舞蹈、天文、建筑和律学等。各类人才最终都要通过严苛的考试。

最能体现隋朝重视专门人才的例子当属对宇文恺的任用。宇文恺除了北周皇族身份之外，还是一个伟大的建筑师。隋文帝一开始重用宇文恺，让他负责宗庙建设和技术人才培养工作。后来宇文恺的兄弟宇文忻谋反被杀，宇文恺受其牵连，被罢免了官职。过了一段时间，隋文帝因为看重宇文恺的技能，再次起用他，宇文恺的建筑才能从而得到了施展。

中国自隋朝开始真正重视教育，而且一朝比一朝进步，明清达到顶峰。隋朝突破了文官武官的二元人才划分，有意识开始培养各行各业的精英人才，这对后世影响巨大。隋朝设置的招生制度、教学制度、考试制度，也为后世所效法。

三、从隋将相出身看隋朝"任人唯贵"之实

为了获得贵族支持，杨坚在执政后第一年，即宣示"复汉魏之旧"，置三师三公及三省六部，尽量让这些贵族各据要职，人尽其用。随着隋朝政权巩固，隋文帝才开始有意识扶植山东新贵，吸收非关陇成员加入，以确保统治权紧握在皇室手中。开皇初年，北齐和南朝士人在隋朝权力中心占比极低，后来在三省六部官职中，山东和江南人士占比越来越高。

隋朝以"禅让"方式建国，在隋代北周的过程中，关陇贵族曾经积极支持杨坚夺取政权，对于这些并肩作战并立下汗马功劳的贵族，杨坚必须予以重任，所以，隋文帝杨坚统治期间，用人明显依赖关陇贵族，历史上称之为"关中本位"。

事实上，隋朝初期，杨坚也曾经想过摆脱关陇贵族，但以失败告终。如，后世喜欢把杨坚和独孤皇后的"一夫一妻"称为美谈，但背后真实的原因是杨氏皇权斗不过关陇贵族。《资治通鉴》有记载，隋文

帝宠幸女子,被独孤皇后发现后暗中杀死。隋文帝虽然大怒,但他能做的只是一人骑马在山谷狂奔二十多里,回来后继续重用独孤家族。独孤皇后的父亲独孤信,本身比杨坚的父亲杨忠位高权重,他的女儿有两个做了皇后:除了独孤皇后,大女儿是北周明帝皇后,而四女儿则是唐高祖李渊的母亲。对于实力雄厚的独孤家族,杨坚可谓无可奈何。等到独孤皇后去世后,隋文帝将陈后主陈叔宝的同父异母的妹妹立为宣华夫人,因为不敢得罪独孤家族,而不敢重用陈氏宗室,导致宣华夫人抑郁而终。

根据清朝史学家、黄宗羲的弟子万斯同《隋将相大臣年表》,隋文帝中央官员的构成如下表:

隋文帝中央官员身份统计表

关陇集团	杨氏宗室	晋王广、秦王俊、蜀王秀、观德王雄、卫王爽、豫章王暕、晋王昭、杨达
	北镇势力	于翼、王谊、令狐熙、长孙平
	关陇河南河东土著势力	李穆、赵芬、杨素、赵斐、虞庆则、苏威、柳机、虞庆则、杨约、韦世康、牛弘、柳述、辛彦之、杨尚希、杨义纪、元岩、苏孝慈、郭均、李圆通、皇甫绩、宇文弼、薛胄、韦冲、贺娄子干、杨异
	追随魏帝势力	窦炽、元晖
山东集团	北齐系人物	李德林、卢恺、袁隶修、斛律孝卿
	其他	高颎、冯世基、刘仁恩、长孙毗

隋炀帝杨广即位后,任用的高级官员中,江南士族只有1人——萧琮,山东贵族只有2人——李子雄和樊子盖,杨氏宗室有4人——杨雄、杨达、杨弘、杨义臣,其余15人皆系关陇贵族。

第三节　隋朝时期用人略评

隋朝用人,任人唯贵,在建立国家和巩固政权阶段,起到了重要的维稳作用,但是以"八柱国"和"十二将军"为代表的关陇集团势力根深蒂固,他们的政治野心不会因为暂时得到重用就会消失。尽管文、炀二帝对任用贵族的潜在威胁充满警惕,也采取过制衡和打压贵族势力的措施,甚至开创性地向庶民取才,但是依然没有从根本上铲除贵族利益集团。

一、隋朝时期用人的成功经验

现代管理告诉我们,在权力交替阶段,安抚人心,减少内耗,让工作仍能有条不紊地开展是关键。领导最常犯的错误就是迫不及待地清除旧势力,马不停蹄地建立自己的新团队。这种做法的致命之处在于,既勾起了旧势力的逆反情绪,又导致办事效率极低。面对新形势新环境,利用有经验的团队,显然要比用没有经验的团队更加高效。

隋朝初期任人唯贵的用人政策,既笼络了旧贵族,团结了人心,又提高了执政效率。隋朝能快速灭陈,统一中国,迅速开创盛世局面,离不开前朝贵族的支持。这些贵族得到了安置,心无旁骛,各司其职,用极高的效率为新王朝创造了优秀业绩。

在政权巩固之后,隋朝才开始积极吸纳新臣,壮大自己的统治基础。从隋文帝启用山东势力,到隋炀帝选用江南士人,这种有步骤有计划地瓦解贵族利益集团的做法,是值得学习和借鉴的。唐朝的统治者就借鉴了这种做法,直到武则天时,才彻底放弃"关中本位"政策,就是明证。

对于制衡贵族势力,隋朝开创的一系列制度无疑是极其成功的。三省六部制,强化了中央集权;而科举选官制,突破了官僚贵族世家对选官的垄断。通过实行公开报名、平等竞争、择优录取的选人原则,开辟了一条公正入仕途径,为国家行政机构注入新活力,促进了阶层新陈代谢。

二、隋朝时期用人的弊端和教训

这是很多人都有的疑问:隋朝在用人大方向上没有问题,甚至可以用英明来形容,且开创了那么多先进的用人制度,为什么最后还是被旧势力反杀、落得短命而亡的结局呢?道理其实很简单,治标不治本,任用贵族和制衡贵族,未能从根本上消除贵族的威胁。

隋文帝处心积虑打造的平静局面,到了隋炀帝时很快就宣告破灭。隋炀帝即位后不久就迁都洛阳,远离关陇贵族的势力范围,引起了关陇贵族的警惕。之后,隋炀帝起用江南贵族,实行南北融通的政策,大兴科举制,分科取才,这些措施都是有利于国家发展的,但是却触犯了贵族利益,必然会遭到他们的反扑。所以,任何改革都不可能一蹴而就。面对关陇贵族军事实力强的既成事实,隋炀帝采取了更加激进的措施——不停发动战争来削弱关陇贵族的军事力量。西征吐谷浑、三征高句丽,不仅未能如愿削弱关陇贵族的军事力量,还因为过度劳民伤财引起了农民暴动,从而动摇了统治根基。隋炀帝的好大喜功和急功近利,最终让隋朝前期所做的改革努力功亏一篑。

客观上讲,把隋朝的灭亡全部归因于隋炀帝的急功近利有失公允。就连《隋书》也如是评价,"惜哉!迹其衰怠之源,稽其乱亡之兆,起自高祖,成于炀帝,所由来远矣,非一朝一夕"。隋王朝的二世而亡,隋炀帝的急功近利和穷兵黩武是直接导火索,而隋文帝拟定的用人以贵的开国用人政策,早已"蕴藏大乱"。

　　隋文帝在任用贵族上的"双面性",导致贵族与皇室面和心不和。比如,历史学家就经常批评隋文帝疑心重,好猜忌,无法让贵族尽心竭力。唐太宗李世民评论道,"(隋文帝)不肯信任百司,每事皆自决断,虽则劳神苦形,未能尽合于理"。关于隋文帝的好猜忌,《隋书》记载了这样一件事:刑部侍郎辛檀有次穿了一条红裤子,杨坚知道后很生气,认为这是伺机谋反,遂将之处死。因为对贵族不信任,隋文帝当政时常有在大殿上杖打大臣的现象发生,不少大臣因廷杖而当场死亡。功臣史万岁曾经率军击退突厥立下大功,因为下属得不到封赏,在向隋文帝反映情况的时候,激怒隋文帝,当场被杖杀;兵部侍郎冯基因进谏惹怒隋文帝,被当场杖杀。参军李君才上奏"帝宠高颍过甚",隋文帝很生气,在廷杖时发现没有大杖,即用马鞭将李君才活活抽死。针对无法直接处死但有潜在威胁的贵族,隋文帝发明了"钓鱼执法"手段,"私使人以钱帛遗之",行贿官吏,然后任用酷吏,借机处死,从而防患于未然。

　　隋炀帝在任用贵族上更可以用出尔反尔来形容。他即位后,重新起用高颍、贺若弼、宇文弼等贵族,随后又将这些人杀害,这种做法直接让关陇贵族对其失去了信任。后来,隋炀帝重用江南士人,直接激化了关陇贵族和江南士人的矛盾。宇文化及等人之所以能成功弑君夺权,正是利用了关陇贵族和江南士人的矛盾。

　　关陇集团最先造反的是"八柱国"之李弼家族的后人李密。李密不受杨广重视,只得到一个左亲侍的职务,还因为长相问题常被杨广嘲笑。于是,大业九年(613年),李密和杨素之子杨玄感联合起义,兵败后流亡至瓦岗寨,三年后聚集瓦岗军,先后消灭隋军四十万人,使隋朝元气大伤。

　　大业十二年(616年)后,"八柱国"之宇文泰家族的后人宇文化及,和自己的两个兄弟宇文智及和宇文士及,联合司马德戡等关中贵族,煽动骁果军发动政变,缢杀隋炀帝。

大业十三年(617年),李渊趁乱起兵,此时李密领导的瓦岗军牵制住了洛阳的隋军主力,李渊趁机攻陷长安,控制关中地区。等到隋炀帝被杀之后,李渊高举讨伐宇文化及和骁果军的大旗,并挟天子以令诸侯,不到半年时间,逼着隋恭帝禅让,改国号"唐"。

总而言之,"任人唯贵",虽然能在短时间内凝聚组织力量,创造安定的环境,为开创盛世争取时间,但是,"任人唯贵"本质上是对贵族的妥协。隋朝虽富有改革精神,开创了一系列制度,无奈统治时间太短,未能及时补充进来新力量,缺乏外部有效冲击力量,单纯"以贵制贵",无法根除关陇贵族的势力。隋朝未能彻底瓦解"八柱国"的势力,最终被"八柱国"的后人所推翻。正如史学家陈寅恪所言,唐朝取代隋朝,其实只是关陇贵族集团内部完成权力交接而已。

任人唯才

成为制度范本的唐朝

唐朝(公元 618 年—907 年),被认为是当时世界上最强的帝国。唐朝前所未有的辉煌,很大程度上归功于用人思想的开放和用人制度的完善。"任人唯才"是唐朝用人的最大特点。唐朝的用人制度,对唐以后的各朝统治者乃至今日中国的人才战略制定都有重大影响。

第一节　唐朝时期的用人思想

唐朝之前的用人看重门第,唐朝打破了这一规则,选贤任能,不看出身,这种用人思想具有革命性质。因此关于唐朝用人的研究文献很多,其中《新唐书》《旧唐书》《贞观政要》《资治通鉴》《唐六典》《通典》《大唐创业起居注》《唐摭言》等,都有大量关于唐朝用人思想和建章立制的史料记载。

一、隋朝的覆灭教训是唐朝用人思想的根源

公元 626 年,李世民登基。亲历过隋末农民起义的李世民,深知苛政误国,因此他以隋炀帝暴政为鉴,提出了"水能载舟,亦能覆舟"的治国观点。

按《通典》和《旧唐书》记载,隋朝"留给"唐朝的户口仅 200 余万户,而贞观十三年,按照户口大簿分州县的人口数字,达 1231 万人。由于在民族关系上对待少数民族"爱之如一",贞观年间唐代版图空前辽阔,超过汉宣帝在位时期。唐也是史上少有的开放王朝,除战时,外国人入境和中国人出境并没有严格限制,展示出了不卑不亢的大国气度和王者风范。

后来的即位者继承和发扬了唐太宗的用人思想,尤其是武则天和唐玄宗,在关键时刻通过用人制度改革,把出现颓势的帝国再度推向新高度。

唐朝与亚欧国家均有往来,唐朝是当时世界上最强盛的国家之一,中国人在海外被称作"唐人",亦因此而来。唐朝疆域空前辽阔,极盛时东起朝鲜半岛、南据安南(越南顺化一带)、西抵中亚咸海、北逾贝加尔湖至叶尼塞河下流一带。唐朝也是自秦朝以来第一个没有

靠修长城实现大一统的王朝,突厥、回鹘、铁勒、室韦、契丹、靺鞨等各少数民族,因为得到有效管理而和中原地区保持着和平相处的局面。唐朝的开放统治,吸引日本、南诏、新罗、渤海国等藩属国前来学习唐朝的文化与制度。

缔造开元盛世的唐玄宗,后期因放纵享乐、排斥贤才,使得宦官渐渐崛起、节度使权力坐大,最终导致安史之乱的爆发。唐朝历史以安史之乱为界,前期国力强盛,后期由盛转衰,中唐以后,宦官之乱、党争不断、藩镇割据,北方经济受到战乱影响,南方逐渐成为我国的经济中心。

唐末,因政治腐败,爆发了民变,其中黄巢起义使唐朝经济完全瓦解,导致全国性的藩镇割据开始出现。

公元 907 年,朱温趁乱建梁,中国从此进入五代十国时期。

二、唯才是用、以民为本是唐朝用人思想的精髓

开创"贞观之治"的唐太宗、有"贞观遗风"的武则天、开创"开元盛世"的唐玄宗,他们的共同特征就是唯才是用。

1. 模范帝王李世民的用人之道

"贞观之治"的缔造者李世民以善于用人、虚心纳谏而被后世称道,他的用人格局堪称管理典范。

贞观四年,李世民把隋炀帝皇后萧氏的弟弟、大臣萧瑀叫来,询问隋文帝的治国能力如何。萧瑀回答:"(隋文帝)克己复礼,勤劳思政,每一坐朝,或至日昃,五品已上,引坐论事,宿卫之士,传飧而食,虽性非仁明,亦是励精之主。"

对此,李世民持相反意见:

"公知其一,未知其二。此人性至察而心不明。夫心暗则照有不通,至察则多疑于物。又欺孤儿寡妇以得天下,恒恐群臣内怀不服,

不肯信任百司,每事皆自决断,虽则劳神苦形,未能尽合于理。朝臣既知其意,亦不敢直言,宰相以下,惟即承顺而已。"(《贞观政要》)

在李世民看来,隋文帝"性至察而心不明",加上皇位是在宇文氏手中夺来的,害怕皇权被人夺走,对大臣始终不信任,才事必躬亲,造成勤于政事的假象。而皇帝事必躬亲的后果很严重,大臣平日无法过多参与政事,当皇帝决策失误时,他们亦不加劝谏,这就造成了隋朝的根基不稳。

由此,唐太宗得出结论:独断专行,不是正确的为政之道,应该"广任贤良",群策群力,共定制度,然后"法令严肃",如是才能强国。因此,唐太宗在统治期间,狠抓两件大事:不拘一格网罗天下英才;听从大臣的逆耳谏言。

唐太宗认为"致安之本,惟在得人",天下太平的根本,在于任用合适的人才。《资治通鉴》第一百九十八卷中里,有唐太宗的个人总结:

"朕所以能及此者,止由五事耳。自古帝王多疾胜己者,朕见人之善,若己有之。人之行能,不能兼备,朕常弃其所短,取其所长。人主往往进贤则欲置诸怀,退不肖则欲推诸壑,朕见贤则敬之,不肖者则怜之,贤不肖各得其所。人主多恶正直,一阴一诛显戮,无代无之,朕践祚以来,正直之士,比肩于朝,未尝黜责一人。自古皆贵中华,贱夷、狄,朕独爱之如一,故其种落皆依朕如父母。此五者,朕所以成今日之功也。"

简而言之,唐太宗认为自己之所以能如此成功,只是由于做到了以下五条:第一,不忌妒胜己者,把别人的优点当做自己的;第二,人无完人,抛弃短处,取用长处;第三,使富有才能的人和才能不突出的人都得到合适的位置;第四,接受当面批评,包容和善待直言者;第五,不歧视少数民族,一视同仁。这就是历史上著名的"唐太宗五事治天下"。

最能体现太宗"见人之善,若己有之"思想的是对长孙无忌的任用。长孙无忌博学且善谋,太宗与他结为布衣之交,后成姻亲。长孙无忌跟随太宗征战四方,还帮助太宗策划玄武门之变。后长孙无忌被定为第一功臣,进封齐国公。长孙无忌担心位高权重会引起太宗猜忌,多次请辞。公元633年,长孙无忌再次上表辞让,唐太宗这样回:"在你的辅佐下,我才得以君临天下。你的功绩、才干、声望,完全胜任三公之职,不可再推辞。"为了让长孙无忌安心,太宗还特意写了一篇《威凤赋》。

最能体现太宗"弃其所短,取其所长"思想的是对名相房玄龄与杜如晦的任用。房玄龄处事谨慎,为人恪尽职守,但他有个毛病,就是遇事习惯性犹疑不决;杜如晦虽然没有房玄龄心思缜密,但是他杀伐决断能力突出。唐太宗就让二人同时为相,形成互补,史称"房谋杜断"。

最能体现太宗"贤不肖各得其所"思想的是对马周的任用。有一次,唐太宗命令百官上书议论朝政得失,武将常何提出了二十多条切中时弊的建议。唐太宗询问后发现是其家臣马周私下指点。于是,太宗立即召见马周进宫,留在门下省任职,不久任监察御史,接着又提拔他担任中书舍人、中书令。贞观十一年,马周曾上疏:"治天下者以人为本,欲令百姓安乐,惟在刺史、县令。"唐太宗接受其建议,立即下令:"刺史联当自简择;县令诏京官五品已上,各举一人。"

最能体现太宗"正直之士,比肩于朝,未尝黜责一人"思想的是对魏征的任用。魏征早年参加瓦岗起义,跟随魏公李密,不得重用。魏征归降李唐后得到太子李建成重用,礼遇甚厚。太宗听说魏征经常离间兄弟关系,问其原因,魏征表示:此乃忠臣基本素养,如果李建成当时听从自己的建议,就没有李世民的出头之日。太宗对此没有生气,反而不计前嫌,委以重任。魏征后来不负其望,多次犯颜直谏,对贞观之治做出了很大贡献。据《贞观政要》统计,魏征向李世民面陈谏议有 50 次,呈送奏疏 11 件,一生谏净多达"数十余万言"。魏征死后,太宗伤心地说:"夫以铜为镜,可以正衣冠;以古为镜,可以知兴替;以人为镜,可以明得失。魏征逝,朕亡一镜矣。"

最能体现太宗"爱之如一"思想的是对契苾何力的任用。贞观六年,契苾何力在父亲去世后,率领部落一千余众内属投奔唐朝,唐太宗将他们安置在甘凉二州,并任命契苾何力为左领军将军。唐太宗对这位蕃将信用优容,契苾何力亦有"士为知己者死"的节操,《旧唐书》评论说:(契苾何力)"凡用兵破吐蕃、谷浑,勇也;心如铁石,忠也;不解万均官,恕也;阻延陀之亲,智也;舍高突勃之死,识也。立大功,居显位,夙夜匪懈者,何力有焉。"贞观二十三年,太宗去世,契苾何力出于对他的感恩,曾请求以身殉葬,唐高宗力劝,说唐太宗有遗旨,不许殉葬,他才作罢。

唐太宗的整体用人思想是不论亲疏,不避怨仇,不问出身,量才而用。隋朝旧臣、贵族后代、士族地主、布衣门客、少数民族人才,在他的重用下,都成为中流砥柱,为唐初繁荣作出了巨大的贡献。

2. 武则天善用寒门

到了武则天时期,用人思想更加开放,集中体现在大量任用寒门人才。从魏晋时,长期威胁皇权的关陇贵族,在武则天时彻底被消除。武则天即位后,大力提拔庶族,以此削弱关陇贵族的势力。

为了网罗人才,武则天先主张"自举"。公元 685 年武则天"诏内外文武九品以上及百姓,咸令自举"。诏书允许官吏和百姓根据自己的才能申请做官或升官。而后主张"试官":人才可先试着担任官职,表现好的提拔重用,表现不好的则罢免。

作为一代女皇,武则天对人才的包容性也不逊于太宗。才子骆宾王曾写过《代李敬业传檄天下文》，武则天看后，对众官说："人有如此之才，而使之沦落不偶，宰相之过也。"

狄仁杰被酷吏来俊臣诬告入狱，儿子狄光远持帛书向武则天诉冤。武则天看罢帛书，亲自过问并为狄仁杰平反。后来契丹首领孙万荣作乱，武则天破格起用狄仁杰为魏州刺史。孙万荣听说狄仁杰被起复，不战而退。于是，武则天拜狄仁杰为相。

在武则天开明的用人思想之下，唐朝再度呈现人才济济的局面，姚崇、狄仁杰、张柬之、娄师德、王孝杰、唐休景、朱敬则等能臣贤才齐聚一堂。

3.唐玄宗的用人之道

唐玄宗统治时期，恢复了贞观年间的选贤用能和谏官议政之风。公元713年，唐玄宗不顾大臣反对，任命姚崇为宰相。姚崇提出要唐玄宗答应他十件事后才愿意接受宰相职位，这十件事包括："为政先仁义""不求边功""中官不预公事""国亲不任台省官""行法治""租庸赋税之外杜塞贡献""寺庙宫殿止绝建造""礼接大臣""批逆鳞""止绝外戚参政"。史称"姚崇十策"。

这"十策"中，有七条都针对用人改革：

"中官不预公事"，是不让太监干涉公事，避免出现宦官当政的局面。

"国亲不任台省官"，是不让皇亲国戚做高官。

"行法制"，是依法治罪，以清除朝廷里巧言令色之人。

"租庸赋税之外杜塞贡献"，是砍断不义之财，从根本上杜绝受贿现象。

"礼接大臣"，是恢复平等无猜忌的君臣关系。

"批逆鳞"，是要唐玄宗广开言路，听得进去逆言。

"止绝外戚参政"，是禁止后妃家族势力过多干政。

唐玄宗接受了姚崇的建议,且重用宋璟、张嘉贞、张说、李元纮、杜暹、韩休、张九龄等贤才,从而开创了"开元盛世"。

唐朝这三位君主因善于用人,皆创造了兴盛局面,充分印证了"治国之道,务在举贤"的道理。

唐朝明君任人唯贤,不问出身,公开选拔,择优录取,知人善任,不囿于民族偏见,大胆任用异族能人的用人思想,也成为后世效法的范本。

第二节　唐朝时期的用人制度与实践

唐朝的官制基本沿袭隋制。《新唐书·百官志》云:"唐之官制,其名号禄秩虽因时增损,而大抵皆沿隋故。"隋朝统治时间短,其创立的制度要落地执行,需完善和创新,唐朝肩负起这个任务。在官制上,唐朝完善了三省六部制,使其成为历代制度典范;在选人上,唐朝完善了科举制,并开创了武举制;在用人上,唐朝开创了一套完整的考核制度和晋升制度;在育人上,唐朝完善的学校教育成为历代之最。

一、唐朝的官制

1. 中枢机构:三省六部,九寺五监

唐朝中央政府下分设中书、门下、尚书三省。中书省掌诏敕、政令之立案起草;门下负责审议中书之立案、草案,以决定实行与否;尚书省为行政官署,其下尚分置吏、户、礼、兵、刑、工六部,各置尚书(正三品)及侍郎(正四品上),此为"三省六部"。比起隋朝,唐朝的三省六部制,决策与行政分离已经完成并成熟:三省不再是皇帝的个人附属机构,而是独立的中央机构;在政务处理上,三省有明确的分工和紧密的联系。

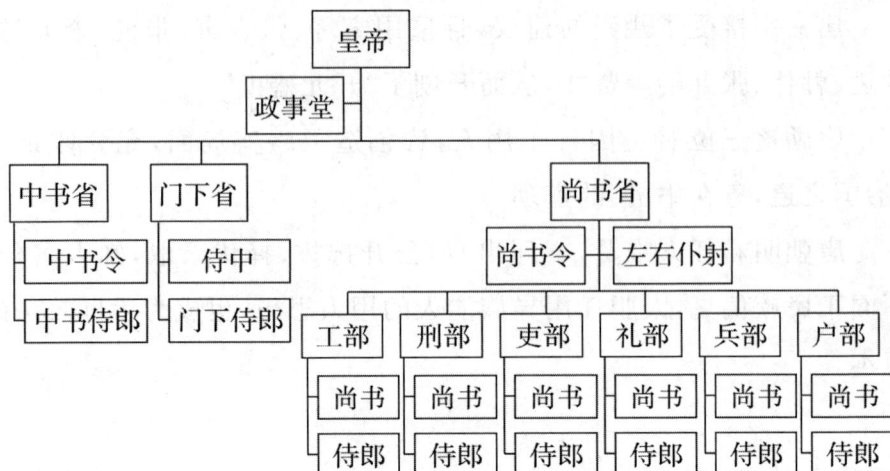

唐朝三省六部图

在"三省六部"之外，唐朝创新性地设立了十四个专业性独立职能部门，即"九寺五监"。

"九寺"之中，太府寺相当于唐朝的会计机构，主要负责物资盘查、收支和记录等；司农寺主要负责农事、朝会和祭祀等活动的供给之职；宗正寺主要是负责各种户籍关系和宗族关系管理；太常寺主要负责管理宗庙礼仪和其他"面子工程"；光禄寺主要负责祭祀、朝会的宴席之事；卫尉寺掌管京师器械、管理仪仗典制、主持祭祀、主管幕士等；太仆寺主要负责车马；大理寺相当于现在的最高法院；鸿胪寺掌管朝会礼仪。

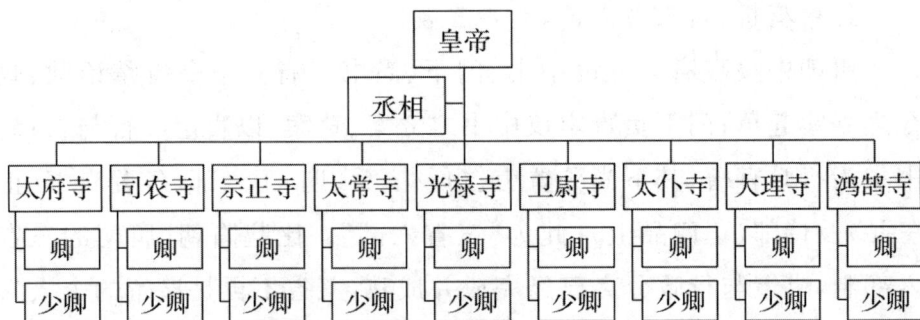

唐朝九寺细分图

"五监",指的是国子监、军器监、少府监、将作监和都水监。国子监专门管理教育事业,相当于现在的教育部;军器监,掌缮甲弩,按时交纳武库;少府监,主管手工业者及各种手工业生产;都水监,负责国家水利工程、水路运输管理;将作监,掌管与中央建筑相关的建筑事宜。

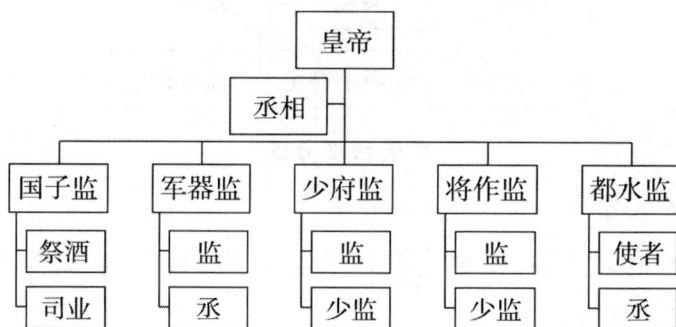

唐朝五监细分图

以将作监为例,我们可以看看"五监"到底有多专业。将作监最高长官为将作大匠,共一人,负责设计、分工和预算;其次为将作少匠,共两人,起辅助作用;下设四个将和两个主簿,负责具体的执行。唐朝的正宫大明宫,就是将作大匠阎立本、阎立德两兄弟建造的。阎立德跟随唐朝军队南征北战,以卓越建造才能解决行军上的难题,深得唐太宗赞赏;阎立本是中国十大名画之一《步辇图》的作者,集建筑和绘画本领于一身。从阎立本、阎立德身上,可以看出唐朝对将作监的要求之高,既要精通建筑,还要具备良好的审美能力。

唐朝的监察机构更趋完备,以"一台三院制"设置专职,分别监察中央与地方官吏。一台指的是御史台,其下有台院、殿院和察院。台院设侍御史 4 人,掌纠举百僚,推鞫狱讼,知公廨事,总别台内杂事。殿院设殿中御史 6 人,从七品下,主掌纠察殿廷仪节,并分为左巡知京城内,右巡知京城外,以雍洛一州境界为限,纠举境内非法。属吏有令史、书令史。察院设监察御史 10 人,正八品上,其职掌为分察百僚,巡按州县,纠视刑狱,整肃朝仪。

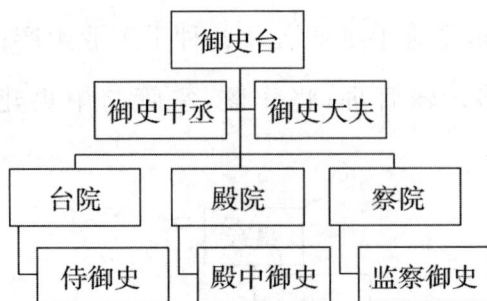

御史台细分图

2.地方官制

唐朝的地方官制,安史之乱以前施行州、县二级制;至唐中后期则演变为道、州、县三级制。

(1)州:州的长官为刺史(唐玄宗时例外,改州为郡,长官称太守)。刺史之下有别驾、长史、司马等官,称为上佐官,他们没有职权,设置的目的是安置闲散官员。只有刺史缺员的时候,上佐官才能代理州事。刺史之下还有司功、司仓、司户、司法、司兵、司田等曹参军,负责处理各种政务,有实权。

(2)县:县长官为县令,下设县丞、主薄和县尉。县的长官统称县令,其下有佐助之官县丞,分判众曹、催征租赋的县尉,掌管文书簿计、负责勾检稽失、监察官吏的主簿等官。

(3)府:唐首都长安和陪都洛阳设府,长官为牧,一般由亲王遥领,实际主持政务的是尹。后来又增加了一些府,都以府尹主事。其下还有少尹、司录参军事等官。

为了加强对周边少数民族的管理以及巩固边防,唐朝还在边疆地区先后设置了六个都护府。长官大都护也由亲王遥领,由副大都护主其事。

都护府下辖若干羁縻府州。羁縻是"束缚、拢络"的意思。羁縻府州的长官由当地少数民族首领世袭担任。据《新唐书·地理志》记载,唐代的羁縻府州多达856个,比内地的府州还多。这种少数民族自治的羁縻府州制度,成为历代稳定边疆地区的范本。

(4)道:唐朝初期是监察区,唐太宗划分"十道",道的长官称为按察使。各道由皇帝不定期派巡察使或采访使巡视,监察地方官吏和了解各地情况。唐玄宗时把"十道"重新分为"十五道",设立节度使。节度使集行政、军事、监察于一身,辖制区内各州,"道"从此不再是监察区,而成为高级行政区。

3.特色:翰林学士

唐朝官制的一个重要特色,是在行政系统以外特设"翰林学士"一职。

根据《唐会要·翰林院》记载,翰林学士不计官阶品秩,也无官署。原定额为六员,但"出于所命,盖无定数"。唐初翰林院中,除文词、经学之士外,还有卜、医、棋、术等各种专门技艺人员。他们轮值陪伴天子下棋、作画、写字、占卜、治病。后来,皇帝召集一批私人参谋文士,翰林学士得以参政。比如唐太宗曾任用虞世南等为弘文馆学士,参决谋议。

到了唐玄宗时,先置"翰林待诏",任用张说、陆坚、张九龄等人,负责表疏批答,应和文章;继而设"翰林供奉",选拔文学之士;随后改"翰林供奉"为"翰林学士",皇帝的命令从此被分为内制与外制。翰林学士所撰的诏书,用白麻纸写,直接从禁中发出,故称"内制";而中书舍人所撰的诏书,用黄麻纸写,为外朝所拟,故称"外制"。

大诗人李白做过翰林供奉。公元742年,唐玄宗召李白进宫。每当他携杨贵妃游玩时,就让李白跟随左右,随时作诗助兴。李白奉命写过《侍从游宿温泉宫作》和《宫中行乐词》。但是志向远大的李白并不想做"翰林供奉",他想做的是能出谋划策的"翰林学士"。因此,李白后来借酒辞职,从此浪迹天涯。

另一位诗人白居易则做过翰林学士,他的文集中就收有"翰林制诰"。白居易17岁在长安扬名,两首《王昭君》,被争相传抄。中了进士后,白居易与好友一起游玩,完成千古名篇《长恨歌》。随后被召京担任翰林学士,其在翰林院赏花所作《惜牡丹花》是为明证:"惆怅阶前红牡丹,晚来唯有两枝残。明朝风起应吹尽,夜惜衰红把火看。"

二、唐朝的选人、用人、育人

1. 选人:完善科举制

为了选拔优秀人才,唐朝对隋朝开创的科举制加以完善。唐朝科举考试分为每年定期举行的常科与皇帝临时设置的制科两类。科举考试一开始由吏部考功员外郎主持,后改由礼部侍郎主持。

参加常科的考生有生徒和乡贡。生徒是各类官学的合格毕业生;乡贡则是通过府试、州试的举人。常科名目很多,有秀才、明经、俊士、进士、明法(法律)、明字、明算(数学)、一史、三史、开元礼、道举、童子等。

需要指出的是,唐朝的"秀才"和明清时期的"秀才"不是一个概念。唐朝选秀才,旨在选拔高级人才,要求特别高。因难度过高,考中者太少,不久秀才科就被废除。进士和明经,遂成为最受欢迎的科目。

唐朝人重进士而轻明经,所以有"三十老明经,五十少进士"的说法。《新唐书·选举志》云:"大抵众科之目,进士尤为贵,其得人亦最为盛焉。"进士每年只录取三十人左右,竞争十分激烈。

参加皇帝亲自主持的制科,意味着前途无量,所以制科竞争更激烈。考生除了学生之外,还有已当官者。开元以后,全国参加制科的人"多则两千，少犹不减千人"。

唐朝科举考试使得大量寒门士子有了平等的晋升机会。唐朝的科举制不仅面向读书人，还面向习武之人。《新唐书》记载："武举，盖其起于武后之时，长安二年，始置武举。"为了打破文官垄断把持朝政，武则天开创了武举制度，并亲自主持。武举制度为后世王朝所承袭，至清朝时改称武科。

唐朝武举取士人数甚少，但不乏郭子仪这样的传奇人物。在武则天治下武举夺得头筹的郭子仪，成为古代中国最璀璨夺目的武状元。郭子仪一生经历了武则天、唐中宗、唐睿宗、唐玄宗、唐肃宗、唐代宗、唐德宗七朝。每逢国难，郭子仪即受重用。郭子仪先后平定安史之乱、收复两京、平定河中兵变、击退吐蕃回纥入侵，身经百战没受过重伤，这在古代堪称奇迹。从郭子仪身上，足见唐朝武举选人之少而精的原则。

2. 考核："四善""二十七最"

唐朝把官员分为九品，每品又分正、从，共为 18 阶。但实际上，唐朝官阶超过 18 阶，文官散官达 29 阶，武官散官达 31 阶，有时更多。九品之外，其实还有很多"编外人员"。

为了区分官阶，唐朝规定，三品以上穿紫色官服；四品、五品穿朱红色官服；六品、七品穿绿色官服；八品、九品穿青色官服。同时还用"鱼袋"配饰，进一步进行区别。三品以上佩戴金鱼袋，五品以上佩戴银鱼袋。

在明确官阶之后，唐朝制定了严格的考核制度和晋升制度，一年一考。尚书省和吏部每年都会主持考核，官员先要将工作业绩汇报上来，然后由吏部来评判。吏部会综合工作业绩和个人品德，给出考绩。然后，尚书省选出地位威望俱高的京官来校考。

唐朝官员考核依据主要是"四善"和"二十七最"。"四善"即德义有闻,清慎明著,公平可称,恪勤匪懈。即,从道德、清廉、公正和勤奋四个方面考核。整体上,"四善"偏重于思想品德和工作作风。

唐朝文官官阶表

阶数	品级	文散官	阶数	品级	文散官
1	从一品	正府仪同三司	16	从六品上	奉议郎
2	正二品	特进	17	从六品下	通直郎
3	从二品	光禄大夫	18	正七品上	朝请郎
4	正三品	金紫光禄大夫	19	正七品下	宣德郎
5	从三品	银紫光禄大夫	20	从七品上	朝散郎
6	正四品上	正议大夫	21	从七品下	宣议郎
7	正四品中	通议大夫	22	正八品上	给事郎
8	正四品下	太中大夫	23	正八品下	征事郎
9	正五品上	中大夫	24	从八品上	承奉郎
10	正五品中	中散大夫	25	从八品卜	承务郎
11	正五品下	朝议大夫	26	正九品上	儒林郎
12	从五品上	朝请大夫	27	正九品下	登仕郎
13	从五品下	朝散大夫	28	从九品上	文林郎
14	正六品上	朝议郎	29	从九品下	将仕郎
15	正六品下	承议郎			

唐朝武官官阶表

阶数	品级	武散官	阶数	品级	武散官
1	从一品	骠骑大将军	17	正六品	昭武副尉
2	正二品	辅国大将军	18	从六品上	振威校尉
3	从二品	镇国大将军	19	从六品	振威副尉
4	正三品上	冠军大将军	20	正七品上	致果校尉
5	正三品下	怀化大将军	21	正七品	致果副尉
6	从三品上	云麾大将军	22	从七品上	翊麾校尉
7	从三品下	归德将军	23	从七品	翊麾副尉
8	正四品上	中武将军	24	正八品上	宣节校尉
9	正四品	壮武将军	25	正八品	宣节副尉
10	从四品上	宣威将军	26	从八品上	御侮校尉
11	从四品	明威将军	27	从八品	御侮副尉
12	正五品上	定远将军	28	正九品上	仁勇校尉
13	正五品	宁远将军	29	正九品	仁勇副尉
14	从五品上	游骑将军	30	从九品	陪戎校尉
15	从五品	游击将军	31	从九品上	陪戎副尉
16	正六品上	昭武校尉			

"二十七最"则偏重行政能力和绩效。比如"法官之最"的标准是"推鞫得情,处断公允";"学官之最"的标准是"训导有方,生徒充业";"校正之最"的标准是"雠校精审,明于刊定"。

按"四善""二十七最"的标准,最终评出九个考核等级:上上,上中、上下、中上、中中、中下、下上、下中、下下九个级别。一最四善为上上,一最三善为上中,一最二善为上下,无最二善为中上,无最一善为中中,职事粗理、善最不闻为中下,爱憎任情、处事乖理为下上,背公向私、职务废缺为下中,居官谄诈、贪浊有状为下下。

吏部最终按照这九等考绩,对官员进行晋升或降职和外放调整。唐朝最严重的惩罚叫"左降官":降职并贬到边远地区。比如,吐蕃进犯洮州,武则天命令宰相娄师德率军讨伐,结果讨伐失败,武则天就把娄师德从宰相贬为原州员外司马。左降官在唐玄宗开元以后大量出现。当时很多官员坐食俸禄不干正事,造成冗员,唐玄宗就通过左降官的方式裁员。

唐朝对官员的考核制度和升降制度,被证明是帝制时代最有效的政治制度,亦被后世效仿。

3. 育人:官学私学并存

唐高祖李渊和唐太宗李世民都是武将出身,两人在创业阶段,极力推行文教。公元 621 年,还是秦王的李世民就设置"文学馆",以网罗天下名士。当时招到了杜如晦、房玄龄、于志宁、陆德明、孔颖达、褚亮、姚思廉、李玄道、蔡允恭、薛元敬、颜相时、虞世南、苏勖、苏世长、薛收、李守素、盖文达、许敬宗等"十八学士"。李世民还特意让画家阎立本为"十八学士"画像,这就是名作《十八学士写真图》。玄武门之变后,李世民被立为皇太子,入主东宫,设立"弘文馆"。"弘文馆"名义上是国家藏书馆,实际为皇室招纳文学之士之所。

唐朝办学主要分为三大类:

(1)中央官学:"六学二馆"

"六学"为国子监下办的学校:为三品以上官员子弟设立的国子

学;为五品以上官员子弟设立的太学;为七品以上官员子孙和庶人俊俊者设立的四门学;为八品以下官员子弟及庶人中通书法者设立的书学;为八品以下官员子弟及庶人中精通数学者设立的算学;为八品以下官员子弟及庶人中通律法者设立的律学。其中,律学在隋朝仅属于职业教育,唐朝将其纳入了中央官学,学生毕业可直接参加科举。律学的地位上升,从中我们也可以看出唐朝对于分科取士的重视。

"二馆"为皇家特设学校:弘文馆招收的学生皆是皇亲国戚、一品官、宰相和功臣的子弟;崇文馆为皇太子读书之处。

(2)地方官学

唐朝各州县都设有面向庶民子弟的官学。地方官学又分为三类:经学、医学和崇玄学。因唐朝特别推崇道教,各州都设有崇玄学,讲授《道德经》《庄子》《列子》等道家经典。崇玄学毕业的学生,可参加专门的道举考试。

地方官学毕业的学生,有两种选择:到中央四门学继续深造;参加科举考试。特别优秀的人才,会在毕业的时候被派去做地方小吏。

(3)私立学校

唐朝私立学校一直和官学并存。唐朝人才辈出,私学贡献很大。公元 733 年,唐朝明文鼓励私人办学。从此,优秀人才流入私学,于是涌现出像韩愈、柳宗元这样的教育大师。韩愈、柳宗元一边做官一边讲学。更多的私学从业者是退官后开始的,还有一些是讲学优而入仕,比如颜师古。颜师古是名儒颜之推的后人,至今还流传的《颜氏家训》就是颜之推所著。颜师古遵循祖训,博览群书,迫于生计,以授徒为生。李渊称帝建立唐王朝,拜颜师古为敦煌公府文学,后来专门为其写诏书。唐太宗时,颜师古任弘文馆学士。

三、从"士绅"兴起看唐朝用人成效

唐朝大力推行科举考试,使越来越多的庶族进入中高级官吏行列。对门第要求不高的"乡贡",到唐玄宗时,人数激增,超过了由中央国学选拔出来的"生徒"。"生徒"和"乡贡"两者地位的变化,彰显出唐朝唯才是用的成效。

"乡贡"入仕的典型代表,是张九龄。张九龄庶族出身,出生于广东韶州曲江,当时整个岭南地区尚被视作蛮荒之地。所幸张九龄的祖父和父亲都曾担任过县令,崇尚诗礼传家之儒风,这让他从小受到了良好家教。

因为落后,岭南成为朝廷贬谪官员的地方。长安三年(703年),宰相张说因得罪武则天的宠臣张昌宗,被流放到岭南。张说路过韶州时,偶然看到张九龄的文章,夸奖他的文章"济时适用"。张九龄大受鼓舞,于707年赴京应吏部试,进士及第,被授以秘书省校书郎。

唐玄宗曾就选官制度肆滥、府兵制败坏等弊政,向天下贤者诏问改革之法。张九龄在对策中回答,君主应"正其本""循良择人";在武备上,应做到有备无患,居安思危;在安定社会上,应选择能者为吏。唐玄宗对他的回答很满意,即位后大力提拔,从此张九龄仕途顺利,逐步为相。

张九龄的经历鼓舞了大批寒门士子,读书人多以他为榜样。而作为科举的受益者张九龄担任宰相后,对科举制度作了大幅调整,不断提高科举录取者的地位和身份。无数寒门士子,因为张九龄执政,实现了"致君尧舜上"的治世理想。诗人王维、孟浩然等人都得到过张九龄的提携。

通过科举进入仕途的寒士,在开元时期,逐渐成为唐朝文官集团

162

的主力。历史学家陈寅恪在《唐代政治史述论稿》中,把这个阶层称为"近世新族""新兴阶级",后来历史学者改称"士绅"。与士族相比,"士绅"富有才干且充满经世理想,成为后世文人的榜样。随着"士绅"阶层的兴起,从魏晋时期就困扰中国的门阀制度土崩瓦解。

第三节　唐朝时期用人略评

就用人制度而言,唐朝选贤任能,唯才是用,结束了门阀制度和乡举里选制。唐朝无疑是用人最成功的朝代,唐之后的朝代再也没有像唐朝那般有辉煌,是为明证;但唐朝也是一个盛衰转折极为明显的朝代,究其原因,用人之失难辞其咎。

一、唐朝时期用人的成功经验

历史学家钱穆在《中国历代政治得失》中指出,"罗马帝国亡了,以后就再没有罗马。唐室覆亡以后,依然有中国,有宋有明有现代,还是如唐代般,一样是中国。这是唐代之伟大远超过罗马的所在,更是它远超过世界其他一切以往的伟大国家之所在。"唐朝之所以伟大,是因为它在制度方面颇多建树,成为后世范本。

唐朝通过科举制度,打破了世家大族对仕途的垄断,体现了时代的进步。科举制度选拔人才的范围更广,真正做到了给平民百姓机会,让底层拥有真才实学的人,通过公平公正的方式脱颖而出,不断给官场注入新鲜血液。

唐朝的管理考核制度,也是古代官吏管理制度的模板,影响到后世朝代的统治。

唐朝的育人制度,更是我国古代学校教育的制度典范。唐朝学校种类之齐全,管理之严密,生员之众多,超过了以往朝代,开创了古代学校教育史的新局面。

唐朝用人的最大优点是极为开放。唐朝用人和官学教育,对少数民族和外族人士实行开放政策。比如,唐朝的太学,招收来自西南吐蕃、南诏、西北高昌和东北渤海等地区的少数民族贵族青年,同时为了解决少数民族子弟入学以后语言不通的困难,学校内还可以同时使用两种文字。各族子弟在长安国学学习,学成以后,或留京师,或返回本族,汉文化传播和渗透由此展开来。

正因制度的完善与用人的开放,唐朝开创了一个享国289年、共历21帝的伟大帝国。

二、唐朝时期用人的弊端和教训

唐朝在用人上也存在很多不足。安史之乱后帝国由盛转衰,就是用人弊端累积所致。

其一,世袭罔替隐患。世袭罔替即世袭次数无限而且承袭者承袭被承袭者的原有爵位。唐太宗为了笼络人心,对功臣子弟的任职有世袭罔替的决定。这个决定成为唐朝用人的一个重大失误。唐朝为不学无术的功臣子弟留了不少职位,这为其衰落埋下了伏笔。从唐高宗开始,这些功臣子弟即参与了朝廷叛乱,唐朝统治者只好对其进行残酷清理。

其二,唐朝的科举只做到了相对公平。根据《登科记考》《旧唐书》《新唐书》等考证,唐代有名有姓的科举状元共141人,其中,有75人可以查到家世。

唐朝状元出身统计表

家世背景	人数	占比
宗室子弟	4 人	2.84％
孔子家族	5 人	3.55％
宰辅的亲属	20 人	14.18％
四品以上高官的亲属	25 人	17.73％
其他历史名人之后	5 人	3.55％
一般官员的亲属	10 人	7.09％
寒门子弟	5 人	3.55％
其他	1 人	0.70％
查不到家室信息	66 人	46.81％
唐朝状元总计	141 人	100％

（摘自林白、朱梅芳：《中国科举史话》，江西人民出版社，2008 年 1 月）

造成科举不公平的一个根源在于录用制。唐朝录用除了看考试成绩，考生的名声也是评判因素之一。本意上是综合考量人才，但实际上却造成了不公平。在应试前，有关系的考生会得到举荐，在"起点"上就比普通人高；考试后考生为了讨好考官，又滋生腐败现象。

另外，唐朝选人是出了名的以貌取人。《选举志》总结唐朝选拔人才的标准：一曰身，即体貌丰伟；二曰言，即言辞辩正；三曰书，即楷法遒美；四曰判，即文理优长。这四条标准，长相排在第一。《南部新书》记载：一个叫罗隐的人诗写得非常好，广为流传，连宰相郑畋的女儿也非常崇拜他。但罗隐貌陋，屡试不第。像罗隐这样因相貌问题而无法及第的例子在唐朝有很多,才华横溢而相貌丑陋者在殿试时触柱身亡的现象也时有发生。

其三,用人前后不一。据《资治通鉴·唐纪五十七》记载,元和十四年,唐宪宗问宰相崔群,"玄宗之政,先理而后乱,何也?"崔群回答,"玄宗用姚崇、宋璟、卢怀慎、苏璟、韩休、张九龄则理,用宇文融、李林甫、杨国忠则乱,故用人得失,所系非轻。"安史之乱前,唐朝一直奉行唯才是用的用人准则,但唐玄宗后期任人唯亲,晚年非常信任安禄山,除了封王,还给予其军、政、财三权,如此让安禄山有了私人部队,藩镇乱政从此一发不可收拾。

唐朝因用人成功而成为当时世界上最强盛的国家之一,给我们的启示是,制度化管理很重要,但制度有失公平,或执行偏离,后果不堪设想。

任人唯旧

武人政治走向衰亡的五代十国

　　五代十国(公元 907 年—960 年)是中国历史上的大分裂时期,自唐朝灭亡开始,至北宋建立为止。唐末各地藩镇纷纷自立,其中地处华北地区、军力强盛的政权控制中原,形成五代,它们相对来说实力强大,但却无力控制整个国家;而其他割据一方的藩镇,也自立为帝,形成十国。这个时期,战乱频繁,统治者多重武轻文。"任人唯旧"是五代十国用人的最大特点,体现有二:其一是重用旧属,统治者依靠武力称王或称帝,因此对于麾下的幕僚给予重用,以维持其统治,而这些旧部下却往往成为政权的背叛者;其二是沿用旧制,因为建国时间普遍较短,五代十国用人制度多沿用唐制。在武人乱政时期,任人唯旧,有利有弊,后世应客观视之。

第一节 五代十国时期的用人思想

中国古代社会在反复的治乱兴衰中向前发展。研究乱世用人的经验教训,对于后世的长治久安具有重要意义。因此,关于五代十国用人的研究文献很多,其中《旧五代史》《新五代史》《资治通鉴》《十国纪年》《九国志》《十国春秋》等,有大量关于这个时期用人思想和建章立制的史料记载。

一、政权更迭是五代十国用人以旧的根源

五代十国是唐朝藩镇割据的延续。公元878年至884年爆发的黄巢起义,严重削弱了唐朝国力。黄巢起义后,唐帝国进入了真正的藩镇割据时代。公元888年,唐昭宗即位。为了扭转军阀割据的局面,唐昭宗李晔制定了平定四川田令孜与河东李克用的方略。通过四川之战,唐朝平定了田令孜,然而其主帅王建却趁机在四川建立了一个独立王国——前蜀,十国开始。河东之战大大削弱了李克用的势力,却使主帅朱温势力大涨,朱温的势力开始超过李克用。公元907年,朱温篡唐,五代开始。

"五代"指的是梁、唐、晋、汉、周五个次第更迭的政权,因为这些国号之前朝代都使用过,为了加以区别,史书上称其为后梁、后唐、后晋、后汉、后周。五代主要是存在于北方,是当时的正统政权。

"十国"指五代之外同时或相继出现的十几个割据政权,主要有前蜀、后蜀、吴、南唐、吴越、闽、楚、南汉、荆南(南平)、北汉,统称"十国"。除了北汉,十国多并存于南方。十国只是个虚数,实际上割据势力超过十个。

《旧五代史·安重荣传》有云,"天子,兵强马壮者当为之。"在五

代十国,开国皇帝及其官僚骨干,往往就是昔日最有兵权的节度使和他们的幕僚。

五代十国年份图

政权	时间	朝代	政权	时间	朝代
五代	907—923	梁	十国	907—951	楚
				907—925	前蜀
	923—936	唐		907—978	吴越
				909—945	闽
	936—947	晋		917—971	南汉
				918—937	吴
	947—950	汉		924—963	荆南
				934—965	后蜀
	951—960	周		937—975	南唐
				951—979	北汉

二、五代十国时期的用人思想

乱世对人才的需求更甚,五代十国时,各国君主都表现出了求贤若渴的一面。礼贤下士、不拘一格选人才,是他们共同的选择。

后周太祖郭威称帝后,大臣李琼向他建议:"以正治国,以奇用兵,《阃外春秋》里记载了许多存亡治乱、贤愚成败的事例。"郭威立即研读《阃外春秋》,随后重用有才德的文臣。郭威在位时得到魏仁浦、李谷、王溥、范质等人的辅佐,在他们的建议下进行改革。郭威常对有才德的大臣们说:"朕生长于军旅之中,不懂得学问,也不精通治国安邦的大计,文武官员有利国利民良策的就直接上书言事,千万不要只写一些粉饰太平的无用话。"

郭威在晚年还打破了古代"家天下"的传统。他传贤不传亲,选择将皇位传给了当时已三十三岁的义子柴荣,以免在他身故后后周陷入改朝换代的战争。柴荣也不负众望,即位后励精图治,破北汉,败后蜀,征南唐,伐幽燕,实现了五代当中最大规模的领土扩张。柴荣还继承了郭威礼贤下士的用人传统。

显德元年(954 年)七月,柴荣任用范质、李谷、王溥三人为相;又力排众议,拔擢不由科举进第的魏仁浦为枢密使。范质编定了《显德刑律统类》,宋代第一部法典《宋刑统》直接来源于此;以谋略过人著称的李谷,以灵活手段处理牛皮禁令,并建议改屯田为按州县纳税服役,以缓和社会矛盾,增加官府收入;著名史学大家王溥,为其编撰了《世宗实录》,后来归宋后又编撰了《唐会要》和《五代会要》;魏仁浦出身贫寒,机敏聪慧,办事效率高,尤为重要的是,他内心始终保持着一股奋发向上的浩然正气,时人都很钦佩他,魏仁浦临死前还一直念着后周世宗柴荣的名字,自责没能保住后周的江山。

十国中,有三块平静"乐土",在君主的"好礼下士"之下,成为战乱中人才的栖居之地。

闽国开国君主王审知,以礼贤下士闻名。据《新五代史卷六十八·闽世家第八》记载"为人俭约,好礼下士","王虽据有一方,府舍卑陋,未常茸;居,恒常蹑麻屦;宽刑薄赋,公私富实,境内以安"。王审知因此招揽了不少中原名士,其中包括唐朝学士韩偓、王淡(王溥之子)、杨沂(杨涉从弟)、徐寅(进士)等人。王审知还专门设立一个招贤院,吸取大批"贤能之士"。即使村僻野人,只要有一技之长,他都网罗而来,加以重用,他待人以诚,对来投的文人学士关怀备至。王审知"好礼下士"的名声远播之后,中原文人学士都千里迢迢来福建投靠他。

南汉也是中原人才南迁避难的理想之所。刘隐坐镇岭南时,对士大夫"皆辟置幕府,待以宾客"。南汉开国君主刘龚建国后,礼贤下士,以诚相待,取得了士人的鼎力支持。据《新五代史》记载,南汉建国后,"为国制度,略有次序,皆用此数人焉"。当时客居岭南或土著的士大夫,著名的有王定保、倪曙、刘槽、李衡、周杰、杨洞潜、赵光裔等。其中,对王定保的任用最能体现刘䶮的用人胸怀。

据《四库全书提要》记载,王定保(《唐摭言》作者)是唐末光化进士,为了躲避战乱,"避难"于广州,在岭南节度史刘隐处为幕客。刘隐去世后,刘䶮派大臣前往迎接,王定保讥讽道:"建国当有制度,吾入南门,清海军额(唐朝节度使匾额)犹在,四方其不取笑乎?"刘䶮知道后苦笑说:"吾备定保久矣,而不思此,宜其讥也。"王定保此后一直在南汉国任职,官至中书侍郎、同平章事。

吴越国是五代十国中统治时间最长的国家。吴越国全盛时辖区囊括今浙江全境、上海全境、苏州全境和福建福州。吴越国能在乱世中偏安一隅近百年,与"重民轻土""礼贤下士"有关。吴越王钱镠在位期间,人才济济。明代冯梦龙对钱镠评价甚高,"用人如韩滉、钱镠,天下无弃才,无废事矣"。(《智囊全集·卷一》)据冯梦龙记载,陆仁章因为穷困在钱镠的园中做园丁。有一次钱镠游园,发现他树艺有智,暗暗记住了他。后来,淮南杨吴围攻苏州孙琰,钱镠派陆仁章设计入城,陆仁章果然达成任务,钱镠从此重用陆仁章。陆仁章官至保大军节度使,同参相府事。

另据《十国春秋·吴越八》记载,罗隐在中原郁郁不得志,晚年返回家乡杭州,曾作诗道:"吕望当年展庙谟,直钩钓国更谁如。若教生在西湖上,也是须供使宅鱼。"原本讽刺钱镠爱问下属索鱼,钱镠不但不怒,反而下令取消了"使宅鱼",召罗隐为谏议大夫。

第二节　五代十国时期的用人制度与实践

五代十国的用人制度基本沿袭唐制。因为五代十国大多是从唐的节度使起家,一同打天下的部下往往担任新朝廷的实权职位,对前朝遗老给予三师、三公或台省官等虚职,这种做法为同样靠武力取国的宋朝所借鉴。

一、五代十国时期的官制

五代十国时,中央朝廷设有主管行政的三省六部、主管财政的三司与主管军事的枢密院。具体选人用人上,也多采取唐朝的科举制度、司法制度和教育制度。只是各朝变化很多,制度常废置不常,整体比较混乱。

1. 中枢机构:三省、三司、枢密院

五代各国各代因形势的变化,中枢机构略有变革。从形式来说,五代的中央政府以三省六部、三司和枢密院为主,因为战乱不断,五代十国时,枢密院的权力比三省、三司要大。其中一个特点是,宰相往往兼领枢密使,所以这个时期宰相的权力很大。

三省为尚书省、门下省与中书省,下设六部尚书,并分司办事。后梁重新设置唐朝空置的尚书令,并且定为正一品,改唐朝的尚书左右丞为左右司侍郎。后唐时恢复唐朝旧制,并多设左右仆射,与尚书左右丞均为正四品。五代时,三省的最高长官多授予臣服的割据政权首领及方镇大将,属于荣誉之职。五代还给主事的宰相,配以副职。这一做法,后被宋朝沿用。

唐朝时户部、度支、盐铁转运分管租税、财务收支和盐铁专卖,唐顺宗、唐宪宗时期,将户部、度支、盐铁转运三使合为一个部门,称"三司"。凡任三司使者,同时任相,称"计相"。后梁设建昌院掌财政,后改租庸使。后唐时恢复三司使,财政大权又回归三司,地方财政也需听从三司使的命令。其后各代,包括宋朝,也沿用了三司制。

五代十国的君主大多为武将出身,所以很重视军事管理,于是设枢密院专门掌管军事。枢密使直接下令任免藩镇。所以通常由皇帝最亲信的臣僚充当,有时宰相兼任枢密使。

后梁太祖建国后,将唐末由宦官主掌的枢密院,改为崇政院,改用士人为院使,设一名判官为副使。崇政院使名义在宰相之下,实际充当军政顾问角色。后唐时,将崇政院复名为枢密院,开始由宰相郭崇韬兼院使。此后几代,多有宰相兼枢密使之事。后汉高祖刘知远病逝之前,授命郭威和苏逢吉同时辅佐其子刘承佑,郭威正是以"兼枢密使"的身份坐大势力,最终起兵建立后周。

除了枢密使,五代十国时还有很多特设之司使。根据《五代会要》记载,有客省使、天骥使、飞龙使、庄宅使、大和库使、丰德库使、仪銮使、乾文院使、文思院使、五坊使、如京使、尚食使、司膳使、洛苑使、教坊使、东上阁门使、西上阁门使、内园栽接使、弓箭库使、大内皇城使、武备库使、引进使、左藏库使、西京大内皇城使、闲厩使、宫苑使、左右军巡使、安南送旌节官告使、三川搜访图籍使等 30 多种。这些"司使"都有专门管理的事务。

2.地方官制

五代十国时,地方官制也基本沿用唐制,采取州、县两级,州设刺史,县设县令,重要城市设府,比如开封府和大名府等。因为乱世交替频繁,五代十国的统治者普遍重视军事管控,后梁、后唐对军事要地特设大都督府;后晋、后周在地方设特别行政机构——"军"。

五代各朝都设有节度使。唐朝末年和五代十国时的节度使都有私兵,因为节度使出兵时打的是牙旗,所以其私兵又被称作"牙兵"。

和唐朝末年所不同的是,五代十国的牙兵地位很高。有些牙兵甚至可以废掉节度使,取而代之;有些牙兵还成功称帝,比如朱温和李存勖。节度使和牙兵势力过大,是五代普遍统治短命的根源。

二、五代十国时期的选人、用人、育人

1. 科举选人

虽然五代十国时战争不断,但选拔人才的科举大体都能正常进行的。这一时期的科举考试科目有进士、明经、三礼、三传、开元礼、三史、童子、拔萃、明法、明算、道举、百篇、博学宏词等,其中以进士考为常设,其他科时行时废。仅后梁时,科举考试就举行过十三次;后唐举行过十二次;后晋举行过九次;后汉举行过四次;后周举行过九次。五代共录取进士 640 名,明经 6 名,其他科 1530 名。

后周柴荣十分重视科举考试,还设有制科考试。他规定:"不限资、见任职官,黄衣草泽(泛指民间之人)并许应召(考试)。"为纠正科举考试中出现的舞弊现象,他还在显德二年(955 年)下诏决定亲自阅览新举进士的诗赋、论文与策文。后来,他忙于征战,就下令由翰林学士李昉进行复试。

十国中,南唐、南汉、后蜀、闽四国也经常举办科举考试。其中,南唐后主、大诗人李煜就非常重视科举考试。公元 964 年,李煜命吏部侍郎韩熙载主持贡举,录取进士王崇古等九人;又命徐铉复试,并亲自命题考核。公元 968 年,内史舍人张佖主持礼部贡举,录取进士杨遂等三人;清耀殿学士张泊称张佖遗漏了很多人才,李煜便命张泊对落第之人进行复考,又录取了王伦等五人。直至南唐亡国的当年,李煜还举行了最后一次科举考试,录取进士张确等三十人。

2. 用人以旧

公元 907 年,朱温接受唐哀帝李柷禅让,在中原地区建立后梁,

定都东京开封府（今河南开封），五代十国开始。朱温原是唐朝末年农民起义军黄巢军的一员，后投降唐朝军队，与沙陀族军阀李克用联合镇压黄巢军。因镇压黄巢军有功，朱温长期占据汴州，与李克用割据的河东，形成对峙。

923 年，后梁在第三个皇帝的时候，被朱温的老对手、河东节度使李克用的儿子李存勖所取代，后唐建立。

936 年，后唐河东节度使石敬瑭勾结契丹，认契丹皇帝耶律德光为父，并以幽云十六州为代价，在契丹的扶持下于太原登基称帝，建立后晋。石敬瑭是李克用养子李嗣源的心腹大将，李嗣源对他很器重，将自己的女儿嫁给了他。石敬瑭曾经参与朱温与李克用的"梁晋争霸"，冲锋陷阵，战功卓著。后唐末帝李从珂即位后，拜为河东节度使，封为赵国公。

947 年，契丹灭后晋后占据中原，石敬瑭的老部下刘知远趁乱在太原称帝，建立后汉。刘知远曾跟随李嗣源和石敬瑭的军队，且两次不顾生命危险救下石敬瑭。石敬瑭很器重他，在刘知远等人的帮助下他建立了后晋。刘知远很不赞同石敬瑭认耶律德光为父的做法，从而有了志取天下的想法。

951 年，刘知远的部下郭威，受到后汉隐帝刘承祐猜忌，发动兵变，建立后周。郭威出身将门世家，郭威父亲郭简担任过李克用辖区刺史，郭威长大后先是加入李存勖的后唐军队，刘知远在山西称帝后，郭威因助刘知远称帝有功，被提拔为统帅大将军。

郭威没有儿子，传位给养子柴荣。柴荣励精图治，致力于统一大业，结果英年早逝。赵匡胤于 960 年建立北宋，从此五代十国结束。赵匡胤早期投奔郭威，后担任禁军最高统帅。

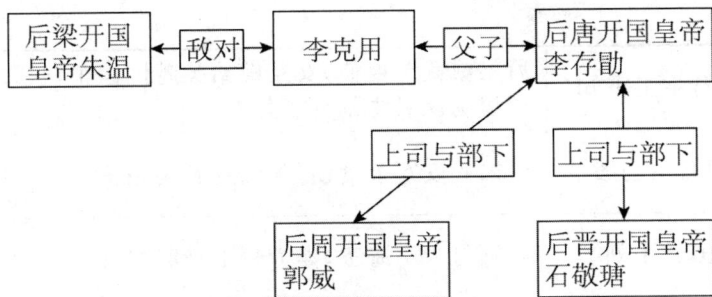

五代开国皇帝人物关系图

朱温灭唐后,闽、吴、吴越、楚、南汉、荆南,承认后梁的正统地位,被允许立国。而前蜀、李克用、李茂贞依然奉唐为正朔,拒绝承认后梁的合法地位,视朱温为逆贼。最终,前蜀王建自立为帝。

后唐消灭后梁,南方的吴越、楚、荆南承认后唐的正统地位,而闽、南汉、吴拒绝称臣,保持独立。926年后唐发生叛乱,李存勖死于乱军之中,西川节度使孟知祥自立,史称后蜀。

石敬瑭联合契丹人灭后唐,南方的吴发生政变,权臣李昪强迫吴主禅位,改国号为唐,史称南唐。

951年,郭威称帝建立后周。后汉高祖刘知远的弟弟,河东节度使、太原尹刘崇也据河东十二州称帝,史称北汉。作为十国最后一个政权,北汉是被赵匡胤的弟弟赵光义所灭的。

十国开国君主人物简历

吴开国君主杨行密	唐末淮南节度使,联合李承嗣遏止朱温南进步伐
南唐开国君主李昪	杨行密养子、后转为徐温养子、改名徐知诰、吴权臣
前蜀开国君主王建	唐末西川节度使,因不承认后梁的正统而自立
后蜀开国君主孟知祥	李克用侄女婿,前蜀灭亡被后唐任命西川节度使

闽开国君主王审知	后梁威武节度使,女儿嫁给吴越国国王钱镠之子,次子娶南汉君主刘龑之女
楚开国君主马殷	唐末武安军节度使,朱温封其为楚王
南汉开国君主刘龑	后梁封为南海王,妻为楚王马殷之女
荆南开国君主高季兴	朱温的亲随牙将,李存勖封其为南平王
吴越开国君主钱镠	唐末镇海军节度使,先后被唐朝、后梁、后唐封为吴越王
北汉开国君主刘崇	后汉刘知远的弟弟

综上,从这些开国皇帝之间错综复杂的人物关系中,我们可以清晰地看出五代十国用人以旧的事实。

3.育人:官学无中断

尽管是乱世,五代十国的教育并没有因战乱而中断。事实上,中央官学,各代都有设办。只有地方官学,因为战乱而时设时废。五代在道、州、府都设有官学。

作为最高学府的国子监,一直都在。后梁时,还在国子监中设孔子庙。因为国子监的学生参加科举考试很方便,经常有地方举人加入国子监,充当监生,如此一来,国子监生员增多。954 年,后周世宗下令控制国子监的监生人数,新收补的监生不得参加科举,只有在国子监学满毕业者才有资格报送科举。

十国的教育状况,则完全依据统治者的个人态度而定。比如闽开国君主王审知重视发展教育。他采纳了翁承赞的建议,在福州"建四门学(高等学府),以教闽中之秀者",选知名人士黄滔等担任"四门博士"。在王审知的倡导下,当时州有州学,县有县学,乡僻村间设有私塾,"幼已佩于师训,长者置于国庠"。

南汉开国君主刘龑也十分重视文教,在其兴学校、倡教育,重用士人的激励之下,南汉在音乐、历法、诗赋等文化领域,均颇有建树。如音乐家陈用拙,自少学习礼乐,"尤精音律",著有《大唐正声琴籍》十卷;天文历算名家周杰,鉴于传统《大衍历》中的记述与现存算法有出入,著《极衍》二十四篇;医学家轩辕述,医术相当高明,"治病多奇验",所著《宝脏畅微论》三卷,成为医学名著。

南唐的书院也很出名。940年,南唐开国君主李昪命人在庐山白鹿洞建立书院。李善道、朱弼等人在白鹿书院置田聚徒讲学,人称"庐山国学"。白鹿洞书院被北宋重修后,成为六大书院之一。

吴越的家训惠及千秋。开国君主钱镠两度订立治家"八训""十训",并遗训"代代相传,世世因循"。

三、"十朝元老"冯道是五代用人以旧的明证

五代十国时出了一位名相——冯道。冯道历经四朝(后唐、后晋、后汉、后周)十代君王(后唐庄宗、后唐明宗、后唐闵帝、后唐末帝、后晋高祖、后晋出帝、后汉高祖、后汉隐帝、后周太祖、后周世宗),世称"十朝元老"。

虽然古代出于忠君观念,对他非常不齿,欧阳修批评他"不知廉耻",司马光评价他"奸臣之尤",但跳出"忠节"时代意识的局限性,冯道对上敢于进谏,对下提携贤良,政绩可圈可点。在五代十国时,冯道有"当世之士无贤愚,皆仰道为元老,而喜为之称誉"的声望。

冯道最早效力于幽州节度使刘守光。911年,刘守光率军征讨定州,冯道加以劝谕,惹怒刘守光,被关入狱中。后刘守光兵败,冯道投奔晋王李存勖。李存勖在邺都称帝,是为后唐庄宗,冯道被授为省郎,充任翰林学士。因当时战乱加上天灾,冯道把自己的俸禄捐出去,赈济乡民,自己住茅棚。后唐明宗继位,因冯道的好名声,继续拜

他为宰相。冯道担任宰相时,对有才识的孤寒士子加以引荐任用,而对品行浮躁的士人子弟则加以抑制。

石敬瑭建立后晋后,冯道再次被拜为宰相。期间还出使过契丹。自契丹归国后,冯道被进封鲁国公。石敬瑭对冯道的恩宠礼遇,满朝无人能及。

耶律德光灭后晋后,冯道又被重用,耶律德光北归契丹的途中,带着冯道。耶律德光途中病逝,冯道归附后汉,被授为太师。后汉隐帝命大将郭威讨伐叛军的时候,郭威临行前向冯道问策,冯道建议他多赏赐士兵,郭威听从他的建议,果然平定叛乱。郭威建立后周,自然更加敬重冯道,每逢冯道觐见,从不直呼其名。柴荣继位后,冯道大胆进谏,数次惹怒柴荣。《新五代史》记载,有一次柴荣要学李世民亲自率兵出征,冯道竟然说:"陛下不能和唐太宗相比。"柴荣大怒,亲征北汉,但不让冯道随行,结果一个月后冯道病逝。柴荣在冯道死后,下令废朝三日,追封瀛王。

冯道能得到十代君王的重用,反映了五代用人以旧之实。事实上,在五代十国时,冯道不是个案,这一时期很多高官都历任数君。政权更迭频繁,让官吏只事一君,是不现实的。正如清代学者赵翼所言:"五代革易频仍,惟梁、唐创业,各三十余年,故其臣有始终在一朝者,其他未有不历仕数朝。"

五代十国战乱不断,但各个政权之间的人才是在不断流动的。政权更迭之际,流动的人才更了解社会状况,从而能给出切实有效的施政建议。在乱世中成长起来的人才,比和平时期的人才更加成熟,他们对于新政权来说是一笔宝贵的财富。因此,就连北宋在建国后,仍大量任用五代十国的旧臣。

第三节　五代十国时期用人略评

虽然是大战乱时代，五代十国在用人上，也有可圈可点之处。比如，尚武礼贤、依法治国，对后世影响都很大。而在惩罚人才的残酷性方面，也为后世敲响了警钟。

一、五代十国时期用人的成功经验

五代十国时改朝换代犹如家常便饭，在这种大形势下，通过任人唯旧，一方面可以迅速积攒实力，夺取政权；另一方面可以巩固政权，在国初凝聚人心，维护政权的稳定。整体上，这种用人策略，可以用立竿见影来形容。

五代十国任用有经验的文臣，有效削弱了宦官的势力。唐朝中后期，宦官专政，自唐穆宗后的九位皇帝，有七位是宦官所立，敬宗、文宗甚至被宦官所杀。从后梁开始，宦官不再掌握军事，因此五代十国时期，宦官势力很小，对政权的危害几乎为零。

二、五代十国时期用人的弊端和教训

现代组织管理学告诉我们，管理旧人的成本比管理新人要大。改造旧人、让旧人和新人完成磨合，这些都会增加管理难度。五代十国任人唯旧，就面临这一难题。

在安置旧人方面，五代十国的开国君主多在建国后，给立大功的旧部下，予以虚职重用，同时配以副职，具体办事由副职去办，这就使得正式官职近乎虚设。宋朝冗员的源头即来自于此。宋朝借鉴了五代十国时的这种做法，官职分离，最终造成了冗官现象的发生。

对于不服从安排的旧部，五代十国的统治者多采用重法和滥杀来立威，这也是五代十国被人诟病最多的地方。南宋学者洪迈在《容斋随笔》中,称"五代之际,时君以杀为嬉,视人命如草芥"。清代学者赵翼在《廿二史札记》中,也批判"五代乱世,本无刑章,视人命如草芥""民之生于是时,不知如何措手足也"。

五代十国滥用酷刑的君主很多。朱温在称帝前,就立了严格的军法,如果将校有阵亡的,他部队所属的士卒也要全部斩首,称之为"跋队斩"。士卒常因为主将死亡而逃跑,不敢归队。朱温于是命令军士全都在面部刺字来记录所在军号,这样逃跑者被认出而被抓回。所以,逃亡者都聚集在山林川泽之中做强盗,成为社会大害。朱温称帝之后,虽然废除了这种军法,但他新制定的法律也很严苛。后唐全盘否定后梁刑法时,给出的理由即"删改事条,或重货财,轻入人命,或自循枉过,滥加刑罚"。

石敬瑭对人不信任,又怕被推翻政权,制定了许多残酷的法律,施加的刑罚也惨不忍睹:割舌头,将人肢解,灌鼻,放在锅里蒸煮等。

南汉的刘龑比石敬瑭有过之而无不及。《资治通鉴卷二八三·晋纪四》记载,"龑性严酷,果于杀戮。每视事,则垂帘于便殿,使有司引罪人于殿下,设其非法之具而屠脍之","灌鼻、割舌、肢解、刳剔、砲炙、烹蒸之法;或聚毒蛇水中,以罪人投之,谓之水狱"。

五代十国猜忌杀戮功臣的事件也时有发生。后唐李存勖在位期间,对功臣宿将多有猜忌之心。他专门养了一批伶人,让这些伶人去刺探群臣的言行,监视百官的一举一动。这些打小报告的伶人,趁机大进谗言,干预朝政。其中一个叫景进的伶人,深得李存勖宠爱,于是满朝文武百官对景进恭恭敬敬,地方节度使争相重金行贿。李存勖晚年更加变本加厉,对功臣直接无罪诛戮。大将郭崇韬在灭梁、平蜀战役中,战功显赫。前蜀灭亡后,蜀人曾请郭崇韬留镇西川。李存勖知道后很生气,又听信宦官向延嗣的谗言,以为郭崇韬截留蜀地财货,就让西川节度使孟知祥到成都斩杀郭崇韬;河中节度使朱友谦及其部将史武等七人也因此案受到牵连,被诛杀灭族。

后汉开国皇帝刘知远也是以滥杀来立威的典型。在攻占开封后,刘知远把投降的 1500 名契丹士兵全部斩杀;北上攻击邺都,在久攻不下之际,对守将张琏采取诱降的策略,承诺保全其生命安全,事后却背信弃义地处死张琏和数十名将官,一时间令天下寒心。司马光在《资治通鉴》中对此评道:"汉高祖(刘知远)杀幽州无辜千五百人,非仁也;诱张琏而诛之,非信也;枉重威罪大而赦之,非刑也。仁以合众,信以行令,刑以惩奸,失此三者,何以守国!其祚运之不延,宜哉!"

后汉末代皇帝汉隐帝,因为猜忌郭威,竟然将郭威留在开封的家人全部灭门,还派人刺杀在外带兵作战的郭威。郭威被逼反叛,另建后周。

因为猜忌不信任旧臣而滥杀立威,这是五代十国用人的最大负面标签。滥杀立威,也是五代十国政权短命的一大原因。

任人唯理

文官治理体系完善的宋朝

　　宋朝(公元 960 年—1279 年)是中国历史上极具争议的王朝之一,著名史学家陈寅恪就说:"华夏民族之文化,历数千载之演进,造极于赵宋之世。"宋朝立国 319 年,两度被倾覆,都是因为外患。宋朝的经济、文化、教育在中国历史上堪称繁荣,一个重要的原因就在于宋朝用人的成功和制度的完善。宋朝时期,文官治理体系完善。"任人唯理"是宋朝用人的最大特点,宋朝出现的程朱理学,成为儒家神权和王权的合法依据;以理学为基的文官治理体系,为后代统治乃至当前推进我国国家治理现代化都提供了深刻启示。

第一节　宋朝时期的用人思想

宋代是文官制度的集大成者,不仅沿用唐朝的用人制度,对于其他朝代的优秀思想也有所借鉴。通过汲取百家之长,宋朝建立了一套体系非常完备的用人制度,为后世提供了比较实用的政府模式。《宋史·职官志》《庆元条法事类》《续资治通鉴长编》《东都事略》《建炎以来系年要录》《三朝北盟会编》《宋会要辑稿》《文献通考》《四库全书·宋朝事实》等史书中,有许多宋朝用人的相关史料。

一、唐朝藩镇割据教训是宋朝用人转向文治的根源

960 年,后周大将赵匡胤在陈桥黄袍加身,建立宋朝,定都开封,史称北宋。赵匡胤即位后,先灭了南平和楚,之后又灭后蜀、南汉、南唐三国。

在平定李筠及李重进叛乱之后,宋太祖召见丞相赵普,问道,"自唐季以来,数十年间,帝王凡易十姓,兵戈不息,苍生涂地,其故何也?吾欲息天下之兵,为国家建长久之计,其道何如?"赵普答:"陛下之言及此,为天地神人之福也。……其故非他,节镇太重,君弱臣强而已。今所以治之,无他奇巧也,惟稍夺其权,制其钱谷,收其精兵,天下自安矣。"(《续资治通鉴卷二·宋纪二》)

在赵普看来,唐后期以来问题之症结在于藩镇权力太重,君弱臣强,治理的办法是削夺其权,制其钱谷,收其精兵,天下自然安定。宋太祖深以为然。

961 年和 969 年,赵匡胤先后两次设下酒宴,通过"杯酒释兵权"罢去石守信等禁军将领及地方藩镇的兵权,解决了自唐朝中叶以来

地方节度使拥兵自擅的局面。

976 年，宋太宗赵光义即位。赵光义继续统一事业，除了幽云十六州，赵光义在位期间，基本统一了全国大部分疆域。其后，辽朝常在宋辽交界处抢劫杀掠，1004 年，辽军侵宋，宰相寇准力主抗战，宋真宗亲征，与辽军在澶州对峙。辽军被迫求和，两国议和成功，签立"澶渊之盟"。

公元 1038 年，元昊建西夏，宋夏之间爆发了数年的战争，宋军屡战屡败，国库更加空虚。之后，宋仁宗推行庆历新政，又引发朋党之争。

北宋朝廷陷入因冗官、冗兵、冗员所造成的财政危机中，宋神宗亲政后，启用王安石，试图通过变法，改善财政。然而，宋神宗去世后王安石变法在一片争议声中宣告失败，积贫积弱的朝廷一步步走向衰败。

同时衰败的还有辽朝，辽朝被北方崛起的金所灭，金占据了北方大部。1125 年，金兵分两路南下攻宋。

1127 年，金军掳走宋徽宗、宋钦宗，北宋后宫和大量官民女眷被抵押给金国，其中大部分被没入金国官妓院——浣衣局，史称靖康之耻或靖康之祸。

宋朝宗室康王赵构在应天府即位，是为宋高宗，改元建炎。1138 年，赵构定都临安府，史称南宋。

1141 年，宋与金达成《绍兴和议》。宋每年向金进贡银廿五万两，绢廿五万匹。宋高宗任用秦桧为相，秦桧迫害异己，结交内臣，朝政败坏。

宋孝宗即位后，改革朝政，平岳飞冤狱，起用主战派人士，锐意收复中原。

此时，北方蒙古势力兴起，金朝面临亡国。南宋朝中分成两派，一派认为应联蒙抗金；另一派认为应该铭记唇亡齿寒之道理以及海上之盟的教训，援助金朝，让金成为宋的藩屏。宋理宗毫无远见，同意联蒙抗金，很快，蒙古大军在灭掉金朝后，南下侵宋。

公元1271年，忽必烈在大都建国号为元。1276年，宋恭宗被俘。南宋灭亡。

宋朝以"偃武修文"为立国之本，王安石曾说："本朝太祖武靖天下，真宗以文持之。"而宋仁宗时，在位四十年间，"待儒臣以宾友"。

统治者重视儒家文化，尊重文人，而文人也把"修身－科举－报效国家"作为人生规划，上下一心，使得文人在宋朝地位达到前所未有的高度。儒学也在宋朝发展到巅峰。

宋儒主要讨论义理、性命之学，故宋朝儒学又称为理学。宋朝理学学派繁多，北宋有洛学（二程学说）、关学（张载）、新学（王安石）等学派，南宋有朱熹、陆九渊、张栻等大儒，其中朱熹是理学集大成者。朱熹的仕途并不成功，但他的《四书集注》成为后代科举考试的考试内容。

二、宋朝时期的用人思想

宋代之前，儒家虽是官方的舆论工具，但并未取得完全的思想统治地位。宋朝在重文政策的推动下，不仅儒家文化的教化功用得到高度重视，而且其价值观也进一步获得提倡和宣扬，尤其是精致完备的理学，成为宋朝用人的理论依据。

1. 宋太祖"偃武修文"的治国理念

北宋大思想家程颐这样评价赵匡胤："太祖之有天下，救五代之乱,不戮一人,自古无之,非汉、唐可比。"

宋太祖赵匡胤制定了"偃武修文"的国策。宋朝建国初期,政权还不稳固,赵匡胤为了让武将铭记君臣之道,极力鼓励武将读书,"今之武臣欲尽令读书,贵知为治之道"。在这方面,他本人起到了示范作用。武将出身的赵匡胤,酷爱读书,常常手不释卷。赵匡胤跟从后周世宗柴荣平淮南时,有人向柴荣告密说,赵匡胤用几辆车私载财宝。柴荣派人查看的结果是,车中乃几千卷书籍。赵匡胤称帝后,一次问宰相赵普一个问题,武将出身的赵普答不出,而翰林学士窦仪却答出来了。赵匡胤感叹:"宰相须用读书人!"赵普从此也变得手不释卷。

对于文臣,赵匡胤的看法是"纵皆贪浊,亦未及武臣一人也",对皇权不会产生实质性威胁,可放心重用。赵匡胤曾经把前朝宰相范质等大臣请到殿前司,商议国是。范质当面质问赵匡胤:"后周世宗对汝有知遇之恩,如今他尸骨未寒,汝为何窃取周朝江山?"身边大将罗彦环拔剑欲斩范质,赵匡胤不仅制止,还虚心请教禅让之礼。赵匡胤正式登基后,对范质不但未予罢黜相位,反而加以重用。除了范质,赵匡胤新政府的班底,绝大部分仍是后周旧臣。

相比武将,赵匡胤对文臣的态度可谓宽容之极。据《国老谈苑》记载,有一次,赵匡胤设宴招待群臣。翰林学士王著因醉酒而思念故主柴荣,当众喧哗。群臣大惊,赵匡胤命人将他扶出去休息,王著依然不肯出去,靠近屏风痛哭,久久才肯离去。有人建议严惩王著,赵匡胤如是说:"王著不过一个书生,就算哭念世宗,又能做什么?"

赵匡胤在临终之际,还留下"不杀文人"的遗训。他要求每一位新君即位之前,都要在"誓碑"前发誓,凡上奏章的士大夫绝对不杀,文人犯了重罪只流放不杀头。

2.司马光的用人思想

历仕仁宗、英宗、神宗、哲宗四朝的司马光,对于宋朝乃至后世用人思想产生了深远影响。

司马光在《资治通鉴》中写道:"夫聪察强毅之谓才,正直中和之谓德。才者,德之资也;德者,才之帅也。"

在他看来,才能是德行的凭借,德行是才能的统帅。他还由此将人才细分为四种:"才德全尽谓之圣人,才德兼亡谓之愚人,德胜才谓之君子,才胜德谓之小人。"司马光"德才兼备,以德为先"的用人标准和圣人、君子、愚人、小人的划分法,一直沿用到今天。

德与才不能两全的情况下,该如何取舍?司马光主张舍才而取德。他认为有德者才是国家应该依靠的对象,"夫有德者必不反其君,故可以托六尺之孤,寄百里之命,为社稷臣",因有德者更可靠和忠诚。

北宋党争不断,内耗导致朝廷政令不畅。司马光说:"夫君子小人之不相容,犹冰炭之不可同器而处也。故君子得位则斥小人,小人得势则排君子,此自然之理也。然君子进贤退不肖,其处心也公,其指事也实;小人誉其所好,毁其所恶,其处心也私,其指事也诬。公且实者谓之正直,私且诬者谓之朋党,在人主所以辨之耳。"

君子和小人无法相容,君子出于公心,小人出于私心,彼此争斗,此即朋党之争。司马光认为朋党纷争的根源在于君主用人不明,无法分辨出君子与小人,使得小人占据重要岗位,处处掣肘,摈斥君子,只有君主正确地选人和用人,才能从根本上解决朋党问题。

具体到如何选择人才,司马光也有论述,"用人者,无亲疏、新故之殊,惟贤、不肖之为察。其人未必贤也,以亲故而取之,固非公也;苟贤矣,以亲故而舍之,亦非公也。""举之以众,取之以公。众曰贤矣,己虽不知其详,姑用之,待其无功,然后退之,有功则进之。"他主张选人应以公正的态度,考察时不因私人关系而走后门,而是从被考察者的能力、人品给出客观的评价,选贤任能。对于有贤名者,要在实际工作中考察其能力与人品,如果确实能胜任,则推举,如果不能胜任,则调离。有功则赏,有过则罚。不以功过的赏罚是滥赏、妄罚,而滥赏、妄罚是变乱之因。

司马光论述选人和用人主要是为了劝诫君主。在帝制时代,君主的思想道德素质和才干是国家兴亡的关键,也是选人、用人的关键。

第二节　宋朝时期的用人制度与实践

宋朝统治者为防止藩镇割据及大臣、外戚、宗室、宦官等势力专权独裁,防止成为梁唐晋汉周后又一个短命的王朝,制定了一系列加强中央集权的制度和措施。这些制度和措施基本上消除了造成割据和威胁皇权的种种因素。

一、宋朝时期的官制

1. 中央官制

宋朝官制的主要特点是加强中央集权、百官权力分散、重文(治)抑武(官)。

(1)官职分离

宋太祖建立宋朝后,即对中央官制作了调整。中枢官制是中央集权的轴心,其特点是用官称和实职的分离来分割各级长官事权的办法来削弱其权力。

《宋史》记载:"宋承唐制,抑又甚焉。三师、三公不常置。"宋太祖、宋太宗统一五代十国的过程中,留用了大批各国旧官,让他们领取俸禄,空有官位,但不掌实权。像三师、三公这种高官,不轻易授人,即使授人,也只是虚职。

到宋真宗时,官职分离开始制度化。一般官员都有"官阶"(领取俸禄的标准)和"差遣"(担任的实际职务)两个头衔,有的官还加有"职"的头衔。官阶,按年资升迁,即使不担任差遣,也可依阶领取俸禄;而差遣则根据朝廷的需要和官员的才能,进行调动和升降;职,是指三馆(昭文馆、史馆、集贤院)和秘阁中的官职,如大学士、学士、待制等。宋朝,决定官员实权的不是"官阶",而是"差遣";"贴职"是授予较高级文臣的清高衔头,并非实有所掌。元丰改制时,曾废掉差遣,以本官实任,以散官阶定俸禄。

设官分职的结果:很多官员领着俸禄,但不知道自己具体负责什么,除非临时接到皇帝的任命。《宋史·职官志一》记载:"故三省、六曹、二十四司,类以他官主判,虽有正官,非别敕不治本司事,事之所寄,十亡二三。又说:仆射、尚书、丞、郎、员外、居其官,不知其职者,十常八九。"如此一来,皇帝把用人大权牢牢掌握在自己手里,可以随时任用和罢免。

(2)宰执

宋代的宰相称中书门下平章事,副职称参知政事,编制不固定,同中书门下平章事和参知政事同时不超过五人。或三相一参,或三相二参,或二相二参。

唐朝时，以三省长官为宰相，在政事堂办公。政事堂先设于门下省，后迁至中书省，最后干脆就改称为"中书门下"。宋代做了改革，三省权力旁落，尤其是尚书省在宋代名存实亡。唐代的尚书省分掌吏、户、礼、兵、刑、工六部，吏部负责人事管理。到了宋朝，另设审官院，负责官吏的选用。三省六部制在宋朝进入荒废阶段。

宋代设中书、枢密、三司，分掌政、军、财三大要务，宰相之权被枢密使、三司使所分取。宰相、枢密使、三司三者权力不相上下，不相统摄。宰相之权在被分削之后，又进一步设参知政事来牵制。

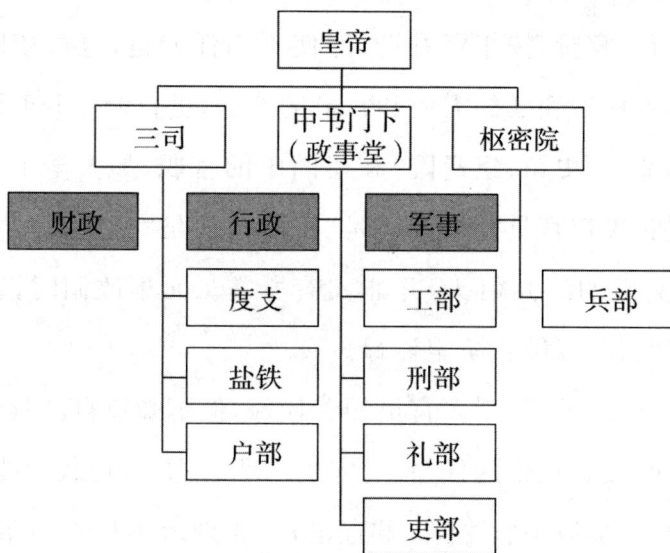

宋代二府三司制

宋朝的参知政事，名字沿自唐朝，但和唐朝的参知政事不是一个概念。唐朝的参知政事，是偶尔参与议论朝政，并非常规编制官阶。宋朝为什么要设立参知政事作为宰相副职呢？源自宋初宰相赵普的权力太大。宋太祖在翰林学士陶穀的建议下给赵普配了一个副职，取名参知政事。当时给赵普配的参知政事是薛居正和吕余庆。宰相经过多层削权，皇权相应得到了进一步加强。

```
                        皇帝
                         │
                        二府
                         │
            ┌────────────┴────────────┐
         中书门下                    枢密院
            │                         │
      最高行政机构              最高军政机构
      长官行宰相职权            长官枢密使，低于宰相
         ↑      ↑                  ↑
   参知政事副相  三司使           都指挥使司
    分行政权    分财权             分军权
```

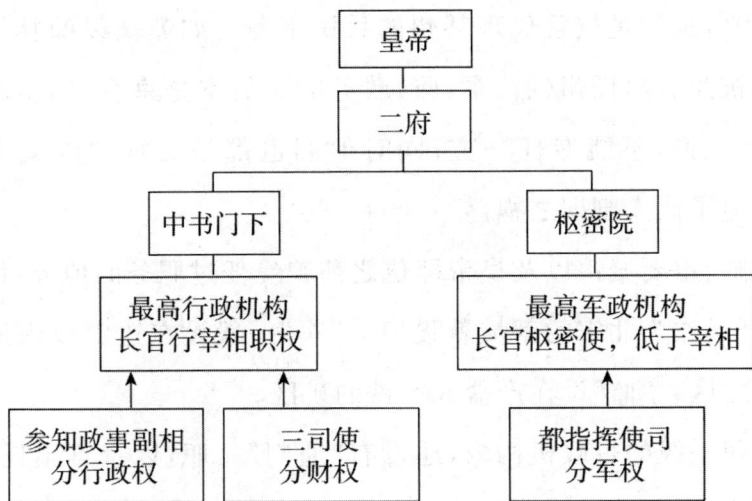

宋朝二府三司分化宰相之权

2.地方官制

宋太祖深知藩镇割据之害,因此,宋代的地方行政机构设计以规避地方武装割据为要。

宋朝的地方行政机构分为路、州(府、军、监)、县三级。路是地方最高行政区划。行政机关为"四司":经略安抚司、转运司、提点刑狱司和提举常平司,分别掌管军事、财政、民政、司法、监察等方面的事务。四司之间互不统属,都直属中央,彼此相互制约,四司合起来才能完整地构成一个行政机关的所有职能。

根据实际情况和政务处理的需要,有的地方还会临时设置招讨使、招抚使(少数民族地区)、提举茶马司(少数民族地区的茶马交易)、提举市舶司(商业中心和码头)、提举坑冶司(出产矿产的地方)等官。这些职务有的由四司长官兼任,有的由中央派出官员担任,他们与四司长官间是平行关系,都直属中央。

路下一级行政单位是州(府、军、监)。州的具体行政事务由朝廷派遣的京官带原衔前往视事,称为"权知某州",简称"知某州事"或者

叫"知州",也就是权且代理某州的兵民事务。如苏轼以翰林学士的身份知杭州。出任州(府、军、监)政务的官员本是京官,属于临时差遣,数年一换,不能专任一方;同时他们也都是文官,"以文臣知州事",避免了武人割据之祸。

京师、重要城镇以及皇帝即位之前曾经任过职务的地方,设立为府,如开封作为北宋的都城就设府。"军"一般设在边疆或内地的战略冲要之区。"监"设在产盐或产铁的矿区。

在州一级的行政机构内,还设有"通判"一职,以京官出任,主管财政,也有权处理政务,拥有监察权,可以随时向皇帝奏报地方官的言行。

县一级的官吏,主要有知县、县丞、主簿和县尉。知县由中央派出的官吏担任,也是一种差遣。

3."厚禄养廉"

历代官吏俸禄,宋朝最厚。为充分发挥士大夫的积极性,防范官员腐败,宋太祖提高了文官的地位和待遇,"俸禄鲜薄,未可责以廉""省官益俸","厚禄养廉"由此成为防止官员贪腐的重要举措。其后,从太宗到徽宗,多次为百官养廉而增俸,比如真宗大中祥符年间、仁宗嘉祐年间、神宗元丰年间、徽宗崇宁年间,四次大幅提高俸禄。不光皇帝如此,就连大改革家王安石也认同"增禄不厚,不可责其廉谨"的做法。

宋朝有官无职者可以领俸,有实职者可获加俸。除正俸外,还有服装、禄粟、茶酒厨料、薪炭、盐、随从衣粮、马匹刍粟、添支(增给)、职钱、公使钱及恩赏等,地方官则配有大量职田。官员有差遣职务者另加津贴,作为职务补贴。这种职钱依官员本官与差遣职级差按等发给,故虽任同一官,职钱并不相同。

根据宋仁宗颁布的《嘉祐禄令》规定,节度使月俸钱400千(1千即1贯,1000文),月给禄粟150石,随身侍从衣粮50人,岁给盐7石。宰相、枢密使月俸钱300千,衣赐春、冬服各绫20匹、绢30匹、棉100匹,禄粟月100石,随身侍从衣粮70人,薪1200束,岁给炭夏季月100秤、冬季月200秤,盐7石,并月给纸、马料钱等;地方州县官员,大县县令每月20千,小县县令每月12千,禄粟月5至3石。

清代史学家赵翼在《廿二史札记之宋恩赏之厚》中写道:"宋制,禄赐之外,又时有恩赏。李沆病,赐银五千两;王旦、冯拯、王钦若之卒,皆赐银五千两,此以宰执大臣也。雷有终平蜀有功,既殁,宿负千万,官为偿之。此以功臣也。戴兴为定国军节度使,赐银万两,岁加给钱千万,王汉忠出知襄州,常俸外增给钱二百万。此以藩镇大臣也。"北宋对中高级官吏优给俸禄,主要目的在于提高他们的生活待遇,以养其清正廉洁之风。

二、宋朝时期的选人、用人、育人

1. 科举、特举和荫补

宋朝选拔人才主要有三个途径,即科举、特举和荫补。

(1)科举制

宋朝科举制度,设进士及诸科,诸科包括九经、五经、开元礼、三史、三礼、三传、学究、明经、明法等科。比起唐朝,宋朝科举制度更加严密。"公荐"是唐代陋习,影响科举的公正性。宋朝加强了对科举考试的管理:现任官应进士举有锁厅试,验证身份和德行。应举之人,要"什伍相保,不许有大逆人缌麻以上亲,及诸不孝、不悌、隐匿工商异类、僧道归俗之徒"。试卷有弥封制度,糊名,使考官不知举子姓名;有誊录制度,将试卷重新抄写一过,以免考官认得举子笔迹。考官与举子有姻亲、师生关系,有回避制度。宋太宗时,对达官子弟中礼部贡举者要复试。

宋朝还把考第之制分五等,上二等为一甲,赐进士及第;三等为二甲,赐进士出身;四、五等为三甲,赐同进士出身,中进士举者才能称"进士"。

宋朝有允许"附试"的"特奏名"制度。凡士人"贡于乡而屡绌于礼部,或廷试所不录者",遇皇帝"亲策士则别籍其名以奏,径许附试,故曰'特奏名'"。例如咸平三年(1000 年),亲试陈尧咨等八百四十人,特奏名者九百余人,共一千七百余人。

(2)特举

特举也必须有皇帝下诏才举行。具体科目和举行时间均不固定,屡有变动。应试人的资格,初无限制,现任官员和一般士人均可应考,并准自荐。后限制逐渐增多,自荐改为要公卿推荐;布衣要经过地方官审查;御试前又加"阁试"(试场在秘阁,及格为"过阁")。御试即殿试,内容要求更严(试策一道,三千字以上,当日完成),考试成绩分五等,上二等向来不授人,第三等与进士科第一名相当。制科非常严苛,但它给士人提供了一个重要的入仕机会。

(3)荫补制

荫补制是照顾高级官吏子弟的荫补制度。文臣自太师至开府仪同三司,可荫子、孙、期亲、大功以下及异姓亲,而且可以荫及门客。武臣自枢密使至观察使、通侍大夫,可荫子、孙、期亲、大功以下及异姓亲。遇国家大礼,臣僚亦可荫补。一般官吏可荫及子孙,宰相、执政则可荫"本宗、异姓、门客、医人各一人"。

高级官吏致仕，"曾任宰相及现任三少、使相，（荫）三人"，曾任尚书、侍郎等官以上也可荫一人。大臣病故，据所留遗表也可荫补，"曾任宰相及现任三少、使相"，可多至五人。由于官吏荫补机会多，名额扩大，最高记录曾达到同时荫补子弟四千人，致使孤寒之士十年不得一任。

2.考核制度

宋朝的官僚体制十分庞大，面对庞大繁琐的官僚体制，为了确保"能者上、庸者下"，宋朝制定了一套比较完善的绩效考核制度。

在考核标准上，宋朝继承了唐朝的"四善"思想品质考核标准，即"德义""清谨""公平""恪勤"。但把唐朝繁琐的"二十七最"业务考核标准，精简到了"四最"，《庆元条法事类》如是记载："一生齿之最：民籍增益，进丁入老，批注收落，不失其实；二治事之最：狱讼无冤，催科不扰；三劝课之最：农桑垦殖，水利兴修；四养葬之最：屏除奸盗，人获安居，赈恤困穷，不致流移，虽有流移，而能招诱复业，城野遗骸，无不掩葬。"

总体来说，宋代官吏的考评程序比唐朝更加严格，无论从考核程序、考核标准，还是考核结果的运用来看，宋朝的官吏绩效考核制度都是比较完善的，所以这对中国古代的绩效考核制度发展有着十分重要的作用。

3.育人：分科教育、书院与蒙学

宋代的育人体系很发达。宋代出现了三次著名的兴学运动："庆历兴学""熙宁兴学""崇宁兴学"。

在办学上，宋朝沿袭了唐朝的办学体系。在中央官学上，宋在国子监下设置教授经学的国子学、太学（四门学、广文馆及辟雍存在时间短暂），传授各种专门知识和技艺的武学、律学、医学、算学、书学、画学。宋代国子学与太学的等级限制已趋宽松。在地方官学上，仍照唐制按地方行政区域建学。州以下设置教授儒经的学校。宋的地方教育比汉、唐发达，比如设立专管地方教育的行政长官，还给地方学校调拨固定经费，地方设立医学、科技教育和武学教育这种分科教育。

除了官学之外，宋代教育有一大重要特色，就是书院大盛。

书院的名称始于唐朝，但唐朝的书院只是搜寻、整理遗散图书及校理经籍、撰写文章的地方，譬如丽正书院、集贤书院。直到五代末期才出现真正具有学校讲学性质的书院。宋代书院进一步发展，成为集教育、教学和学术研究于一身的教育机构。据统计，宋代先后共建书院173所，其中有不少著名书院，据《文献通考学校考》考证，北宋有著名书院石鼓书院、白鹿洞书院、应天府书院与岳麓书院。南宋有白鹿洞书院、岳麓书院、丽泽书院与象山书院。

书院或是私人设置，或是地方郡守修建，均不纳于官学系统。这些书院在历史上留下的教规、学规都非常严格，足以为今世楷模。书院在育人之外，还是学术探讨之地。1175年，朱熹和陆九渊因为理论主张不同，在江西鹅湖展开了激烈的辩论，史上称之为"鹅湖之会"。虽然观点不一样，但两人从此结下友谊。后来，朱熹在主持白鹿洞书院后还曾经主动邀请陆九渊上山讲学，陆九渊欣然前往。

宋代教育另一个重要特点是重视蒙学。蒙学就是对儿童进行启蒙教育的学校，蒙学的教材称为"蒙养书"或"小儿书"。

宋代的统治者多次下令在中央和地方设立小学，因此当时的蒙学不仅有民间办的私学，也有政府办的官学。宋代蒙学教育在内容上包括了初步的道德行为训练和基本的文化知识技能学习两个方面。蒙学每日的功课主要是教儿童识字、习字、读书、背书、对课与作文,同时也注重培养他们的道德观念和行为习惯。

蒙学的发展,催生了一批有关儿童道德教育的著作,如宋吕本的《童蒙训》、袁采的《袁氏世范》、吕祖谦的《少仪外传》、朱熹的《小学》《童蒙须知》等。而在众多的蒙学教材中,以《三字经》《百家姓》《千字文》流传最为广泛,一般称为"三、百、千"。

三、狄青和王安石的不同境遇是宋代崇文抑武的典型

抬举文官,贬低武将,是宋朝用人的一大特色。宋朝文官地位很高,文人考中状元比平乱灭国的大将凯旋更荣耀。文武待遇差距的典型例子就是狄青和王安石。

狄青是北宋名将,宋仁宗赵祯对他的评价是,"青有威名,贼当畏其来"。因脸上有刺字,善于骑射,被称为"面涅将军"。因为平定侬智高之乱有功,他先后被提拔为护国军节度使、河中尹和枢密使。

狄青因为不是文官出身,一直被文官集团排挤。韩琦与狄青官职相同,仅仅是进士出身,就瞧不上狄青。有次韩琦要杀狄青的旧部焦用,狄青为其求情,韩琦嘲讽道:"东华门外以状元唱出者乃好儿,此岂得为好儿耶!"说完,当着狄青的面,把焦用杀了。后来,狄青发奋读书,范仲淹曾经教他读《左氏春秋》,并告诫狄青:"为将不知古今,匹夫之勇耳!"然而,狄青成功升任枢密使后,并没有摆脱被排挤的命运。当时,文彦博和狄青属于平级,他以民间的流言和兵士们对狄青的爱戴,不断在宋仁宗耳边说狄青的坏话,最终狄青被贬出京。狄青最终因为抑郁而逝,去世时只有四十九岁。

文官出身的王安石与狄青命运大不同。1042 年,王安石进士及

第,授淮南节度判官。后因兴修水利、勤政爱民、兴办学校,治绩斐然,宰相文彦博向仁宗举荐他,王安石拒绝进京当官;欧阳修举荐其为谏官,王安石以祖母年高推辞。后来,王安石作长达万言的《上仁宗皇帝言事书》,总结了自己多年的地方官经历,指出国家积弱积贫的现实,提出了变法主张,引起朝廷注意。此后,朝廷多次征召王安石赴京任职,王安石都推辞了。

宋神宗即位后,很看重王安石变法主张,不顾大臣的反对,重用王安石。自1069年王安石秉持大政以来,围绕他的争议就没断过,反对他的呼声更是一浪高过一浪,而宋神宗却不为所动,始终坚信王安石是真正的治世良相。反对者不乏三朝元老韩琦、富弼、文彦博、欧阳修,以及司马光、范镇、吕诲等刚正之臣。宋神宗直到去世前,都一直在推行王安石提出的改革政策。

一方面武绩突出的狄青,通过发奋读书才得以升迁,升迁后屡遭排挤,抑郁而死;另一方面,王安石屡受举荐却"任性"拒绝,即便如此,他还是得到了重用。两相对比,我们可以看到宋朝文官地位之高、武将被打压之实。

第三节　宋朝时期用人略评

宋朝建立起完善的文官制度,成功解决了自唐朝后期以来长期存在的藩镇割据问题,对社会稳定起到了重要作用。但到了王朝中后期,这种矫枉过正的用人制度,又成为宋朝"积贫积弱"的元凶。

一、两宋时期用人的成功经验

宋朝完善的文官治理体系最大的贡献在于,通过抬高文官地位,

"与士大夫共治天下"，联合文官阶层实现了对武将阶层的打压，并将武将排除出最高权力核心，避免了五代十国"武人跋扈"、国家分裂的悲剧出现，实现了国家的和平和长期稳定。

文官制度和理学思想，培养出了宋朝卓尔不群的士风：大部分士大夫以天下为己任，不曲节以迎合皇权，有相对独立的人格，敢于和皇权叫板。正因如此，宋朝涌现了不少改革家。1042 年，范仲淹、富弼、欧阳修变法，史称"庆历新政"，这次改革虽然失败了，却为之后的王安石变法拉开了序幕；1069 年，王安石变法，成为中国古代史上继商鞅变法之后又一次规模巨大的社会变革。

在人才选拔上，宋朝的科举考试，制度日趋严密，录取名额较多，真正做到了向社会各阶层士子开放，避免了因社会阶层固化而导致政治生态僵化、经济流动性变缓和人才选拔不公的弊端；考试形式讲究公正公平，考试内容强调经世致用、讲求义理，整体上比较务实。

宋朝新创了弥封、誊录两种评卷方式。弥封即科考结束后统一掩盖考生个人信息；誊录则是以专人抄录考生答卷内容。借助这两种方式，极大地降低了通过考生信息和字迹徇私舞弊的可能性，最大限度地保证了入仕文官的学识素养，从而能够为国家筛选出真正的政治精英。

在管理上，宋朝严厉的考核制度，确保官员权力与责任的统一。宋朝对各级文官的职责行使情况，做到了政绩、资历、出身三结合，加上宋代印刷业发达，这些考核制度以白纸黑字推广执行，对文官具有较强威慑作用，使得文官仕途的进退升沉有了可查依据，精英人才的职业生涯有了相对保证。

在执行上，宋朝构建了具体的监察机制。中央官员主要受谏院、御史台及其下属三院监督,每个机构各司其职,形成严密的监察网络;地方官员则主要受监司(路级)与通判(府州、军监级)监管。监察人员的选拔十分严格,监管机构也具有较强的独立性,直接对皇帝负责而不受上级约束。这种模式有效避免了官官相护的陋习,提高了办事效率。

二、两宋时期用人的弊端和教训

庞大的文官体系导致了一系列社会弊病。比如,将武将踢出最高权力阶层的代价之一是恩养军队,造成"冗兵"现象。为争取士大夫阶层,官员薪俸极高,各种待遇极多,叠床架屋的官僚体制,导致官员人数大增,造成了"冗官"现象。而"冗兵""冗官"的直接后果是宋朝财政危机不断。

宋朝冗员问题有多严重呢?先看文官,宋真宗大中祥符年间,官员总数是 9758 名;宋仁宗皇佑年间,达到 17300 名;到宣和元年,官员总数到了 48377。不到百年,官员数量增加了 4 万多,翻了 5 倍。再看军队,宋太祖时期全国军队不到 40 万,到宋仁宗庆历年间涨至 125 万,随后基本维持在百万以上。为养活这些官兵,宋朝付出了沉重代价。在宋仁宗的皇佑年间,养官和养兵占到财政收入的三分之一,到了宋神宗熙宁年间,几乎入不敷出。而这段时间朝廷的收入是在不断增加的。到南宋时,情况更加恶化,仅军费一项,占到国家财政支出的 80%,"东南民力,耗于军费者十八"。宋朝堪称中国历史上最富裕的朝代,却因为冗员问题而导致财政危机不断,可谓讽刺之极。

再比如,以文治武,外行指导内行,造成了宋朝武将缺失、战斗力严重下降、屡战屡败、割地赔款的国耻由是产生。一个典型表现就是岳飞的悲剧命运。岳飞是南宋杰出的抗金名将,他主张黄河以北的民间抗金义军和宋军互相配合,以收复失地;他麾下的"岳家军"号称"冻死不拆屋,饿死不打掳",纪律严整,赏罚分明,连"敌人"金军也坦承"撼山易,撼岳家军难"。然而就是这样的英雄,却在1142年1月,被秦桧、张俊等人诬陷,以莫须有的罪名杀害了。

岳飞被害后,南宋一度无将可用,宋孝宗上台,想振兴武略,北伐收复失地,却发现为时已晚。幽云十六州等失地,在宋朝一直没有收回。因为战斗力薄弱,外强中干,宋朝在北方先有辽、后有金的经常性威胁、进犯边境,在西方又有西夏兴起,屡次侵犯边疆,最后直接被元军颠覆了政权。宋末爆发的宋元之战,被公认为是中国历史上悬殊最大的战争。

另外,宋朝"不杀士大夫"的祖训,既有好处也有坏处,文臣犯再大的罪都不会被杀,也不会被抄家灭族,导致贪污腐败横行。尽管宋朝立法对贪污腐败问题异常重视,《宋刑统》规定:"诸监临主司受财而枉法者,一尺杖一百,一匹加一等,十五匹绞。不枉法者,一尺杖九十,一匹加一等,三十匹加役流。无禄者,各减一等,枉法者,二十匹绞;不枉法者,四十匹加役流。……诸有事先许财,事过之后而受财者,事若枉,准枉法论;事若不枉,以受所监临财论。"宋朝还发明了"公用钱"制度(由财政拨给地方官一笔"公用钱",类似用于公务接待的特别费)和"券食"制度(凡官员出差公干、下基层考察,均由政府发给"券食",凭券供给饮食)。但是这些立法和制度创新,都未能遏制住贪污腐败。宋朝出了一大批贪官。其中,秦桧兼具大奸臣和大贪官双重身份。

据《建炎以来系年要录》和《宋氏》记载,秦桧在位期间贪污极巨。

秦桧在担任宰相的十八年间,利用专权,卖官鬻爵,开门纳贿,向各级府衙索要珍宝。每年他过生日时,各州县送的寿礼达数十万,秦家的府库财富,一度超过了南宋朝廷的"左藏数倍"。宋朝的国库收入主要分为左藏库和内藏库以及各个地方的桩库。其中左藏库的收入主要是税收,而税收在当时是朝廷最大的财政来源。当时南宋宫廷里有的稀缺物品,秦桧的相府也全有,是不折不扣的"富可敌国"。

宋朝独特的文人治理体系,催生出一批才能卓越、忠君爱民的文臣,他们成为促进宋朝经济、文化及社会发展的中流砥柱。同时,过分庞大的官僚体系及官职分离的制度,使得两宋行政效率低下、财政问题严重,又因为北方战略要地(幽云十六州)的问题一直没能解决,导致宋朝一直饱受北方少数民族政权威胁,最终亡于北方少数民族政权之手。

任人唯等

第十一章

四等人差别待遇的元朝

　　元朝(公元 1271 年—1368 年),是中国历史上第一个由少数民族建立的大一统王朝。为了维护政权、加强统治,元朝采取了"任人唯等"的用人政策。元朝采用"民分四等"的政策,根据不同等级的人制定不同的政策和规定,可以说是一种历史倒退。

第一节　元朝时期的用人思想

元朝起源于草原游牧民族,是中国古代王朝中的一个异类,它和成吉思汗建立的蒙古帝国一起,在世界上极具影响力。与中原王朝不同,元朝并没有治理庞大帝国的经验,入主中原后,为解决财政危机,任用色目人阿合马,对百姓横征暴敛,以致民怨沸腾。将百姓依照归顺顺序分为四等,则加剧了社会矛盾,元朝国祚不过百年,根源即在其不成熟的用人制度与理念上。

一、"民分四等":马上治国的典型

元世祖忽必烈是蒙古帝国创建者成吉思汗的后人,1271 年,忽必烈公布《建国号诏》,取《易经》中"大哉乾元"之意,正式建国号大元。公元 1272 年,在汉臣刘秉忠建议下,元建都于金国的都城——大都(今北京)。

1279 年,崖山海战后,南宋最后的抵抗势力被灭,元朝得以统一华夏大地。元统一全国后,如何统治庞大的帝国成为首要问题。以许衡为首的儒臣派主张以汉制治理国家,息兵止战、节省用度、轻徭薄赋、与民休息;以色目大臣阿合马为首的理财派主张掠夺南人财物,以解决朝廷的财政危机。

元灭宋后,忽必烈对邻近诸国发动了一系列战争,如安南、占城、爪哇和日本等。连年战争,加以宫廷廪禄、宗藩岁赐,都需要巨额经费来支持。忽必烈任用以"理财助国"邀宠的阿合马、卢世荣、桑哥等人。在这些权臣的主持下,朝廷想方设法搜刮百姓,先后发布一系列敛财政策:增加税收、兴铁冶、铸农器官卖、"括勘"(追还被私人、寺院夺占的南宋公田,起征田赋)、"理算"(追征各地历年积欠的钱粮)、变

更钞法等,这些政策使国家的收入显著增加。

元成宗即位后,停止对外战争,专力整顿国内军政。采取限制诸王势力、减免部分赋税、新编律令等措施,使社会矛盾暂时有所缓和。1314 年,提倡汉化的元仁宗恢复科举取士,史称"延祐复科"。

元朝吏治腐败,专注搜刮,百姓不堪沉重压迫,纷纷起义,元朝建立以来,大小民变不断。元末农民大起义,暴虐的元朝统治者被赶出中原。

1368 年,元顺帝仓惶北逃,他继续使用"大元"国号,史称北元。1402 年,北元被灭,《明史》称其改国号为蒙古,明朝称为鞑靼。

元朝时,民族压迫十分严重,将各民族分为不同等级,残酷剥削汉族群众,于是人民揭竿而起,在 1325 年就发生了河南赵丑厮、郭菩萨领导的起义。

元朝建立后采取的"四等人制",历来备受诟病。元朝依据归顺先后顺序,将国人分为蒙古人、色目人、汉人、南人四等。

元朝四等人表

等级	名称	民族
第一等	蒙古人	蒙古族
第二等	色目人	包括原西夏人和畏兀儿人等
第三等	汉人	原金统治区的汉族和契丹、女真族等
第四等	南人	原南宋统治区的汉族和其他各族

蒙古贵族跟着统治者建国,所以蒙古贵族被排在第一位。但并不是所有蒙古人都享有特权,那些没有做出贡献的普通蒙古人,生活依然贫苦,难入官列。而很多协助蒙古建国的汉人大姓,比如张、郭、董姓等,也受到了和蒙古贵族一样的同等优待,元朝统治者还把他们归入"国人"阵营。这些地位高的汉人大姓,不仅可以买汉人做奴,还

可以买蒙古人做婢。

第二等是来自西域和中亚的众多少数民族，即所谓色目人，包括畏兀儿、康兀、康里、钦察、阿速等各族。这些部族有的信仰伊斯兰教，有的信仰天主教，宗教信仰各有差别。色目人在蒙古西征时大都已归附蒙古，有的人还参与了蒙古帝国的创建；元朝建国后，色目人因为善于理财经商，能帮助解决朝廷的财政问题，才得到元朝统治者的倚重和信任。

汉人列于色目人之后，是因为汉人的反抗激烈。西夏和金国遗民，和四川地区的南宋遗民，是属于较早归顺元朝的汉人，所以地位排在了前面；南宋子民是最后归顺元朝的，反抗最顽强，于是被排在了最后。

二、元朝用人政策

从整体上看，元朝用人思想缺乏远见，按照归顺顺序和忠诚度，给予人相应的权力分配，容易引发矛盾。

以忽必烈为例，早年，他重用许衡等汉臣。刘秉忠、张文谦等协助忽必烈"立朝仪""定官制"，完善元朝官员品阶等级。许衡作为元初汉臣的代表，他建议世祖重视农桑，广兴学校，"行汉法"。

如果用汉法，忽必烈必然要让利于民，减轻赋税，如此一来，他就无法用兵。此时，忽必烈重用了善于敛财的色目人阿合马。

阿合马本是穆斯林商人，蒙古大军灭花剌子模后他被掳到蒙古，成了皇后察必所在弘吉剌部的一名奴隶，后作为陪嫁奴隶跟随察必进入了忽必烈的宫廷。阿合马精明强干，善于钻营。他曾作为太仓使代忽必烈掌管宫廷仓廪钱粮，粮食储备丰富，忽必烈很赏识他的才能。

1262年，忽必烈任命阿合马为领中书左右部兼诸路都转运使，专门管理财赋。阿合马上任后,采取了几项措施:一是创立官办矿冶;二是增收商税榷盐等,食盐官办销售,不允许私人贸易,增加茶叶专卖等岁课;三是检括户口;四是发行了中统钞(钱币)。

阿合马的财政措施短期内进项显著,财政得以改善,忽必烈对阿合马十分满意,"授以政柄,言无不从",认为"阿合马才任宰相"。阿合马专权受宠二十年,百姓深受其苦,朝廷因此不得人心,民乱不断。

完全出于眼前利益考量的用人策略,是元朝政治混乱的根源。

第二节　元朝时期的用人制度与实践

忽必烈建立元朝的时候,仍采用汉法建立新的国家机构和职官制度,但同时,蒙古国原有的怯薛、札鲁花赤、达鲁花赤等机构和官职也被保留下来。所以元朝的官制具有两重性,既沿袭中原的传统,又包含蒙古的因素。忽必烈建立这套用人制度后,元朝后期并没有做太大变动。

一、元朝的官制

1. 中央官制

元朝取消了门下省和尚书省,中书省成为中央最高行政机关。中书省统领六部,主持全国政务。枢密院掌管军事,御史台掌管监察。这三大机构掌管着中央大权,另外分设宣政院掌管少数民族事务。

(1)中书省

中书省的最高长官为中书令,由皇太子担任,同时给皇太子配备左右丞相。《元史·百官志》记载:"右丞相、左丞相各一员……统六官,率百司,居令之次,令缺,则总省事,佐天子,理万机。"蒙古人以右为贵,所以丞相中以右丞相为尊。右左丞相之下,有平章政事4人,辅佐宰相裁决军国重事;平章政事下又有右、左丞各1员,号称左右辖,辅佐宰相裁决庶务。

在中书省之下设吏、户、礼、兵、刑、工六部,并于各部设尚书3员,正三品,侍郎2员,正四品,郎中2员,从五品,员外郎2员,从六品,分理政务。六部之中,只有兵部职能和前朝不同,因为元朝的兵部不负责军务,军务归枢密院掌管。

(2)枢密院

元朝兵权一开始掌握在大汗及宗王手中,怯薛协助处理军务,没有专门的军事机构。1263年,元朝设立枢密院,专门掌管兵权。《元史·百官志二》载:"枢密院,秩从一品,掌天下兵甲机密之务……世祖中统四年,置枢密副使二员,金书枢密事一员。"枢密院使由皇太子领其虚衔,枢密院副使协助管理。枢密院使、枢密院副使、金书枢密事,多由蒙古人任之,色目人已极少,而汉人、南人则不允许担任。

元仁宗时,有个例外。历经世祖、成宗、武宗、仁宗、英宗、泰定、天顺七朝的大学士王约,在1315年被元仁宗拜为枢密副使,主持军务。王约共任枢密副使六年。

(3)御史台

1268年,忽必烈接受汉人张雄飞和西夏儒者高智耀的建议,设立御史台。忽必烈敕令中书省、枢密院,凡事要与御史台官员共同商议,这一点和之前朝代的御史台略有不同。此前御史台的主要职责是负责纠察、弹劾官员、肃正纲纪。而元朝御史台不仅"纠察百官善恶",也有指陈"政治得失"的职责。

元朝御史制度空前发达,御史台直接在地方重要区域设立行御史台,与行枢密院、行中书省并立。比如,大德元年(1297年),元廷设"江南诸道行御史台",掌监察江浙、江西、湖广三省,统管江东、广西、福建、海南十道刑按察司。

（4）大宗正府

大宗正府是元代司法的补充机构，不受御史台监察，与中书省、枢密院并列，专门审理蒙古、色目人和宗室案件。大宗正府是蒙古王公垄断的中央审判机构，相当于现在的"中央特别法庭"。

（5）宣政院

宣政院，最开始叫总制院，是元朝设立的一个特殊机构。它既负责掌管全国佛教事宜，又直接统领吐蕃（今西藏）的军政事务。宣政院的官员，僧俗并用。

1260年，元世祖封吐蕃萨迦的八思巴为"国师"，下令八思巴率领吐蕃语言文学者重新创制蒙古文字。新文字制成后，元世祖加八思巴为"帝师"，统领全国佛教。1269年，元朝设立总制院，管领佛教僧徒及吐蕃境内事务。

1288年，总制院使畏兀儿人桑哥，向元世祖忽必烈奏请，效法唐朝时在宣政殿接待吐蕃使臣之例，元世祖准许，总制院从此更名为宣政院，而西藏地区从此正式成为我国中央政府直接管辖的一个地方行政区域。

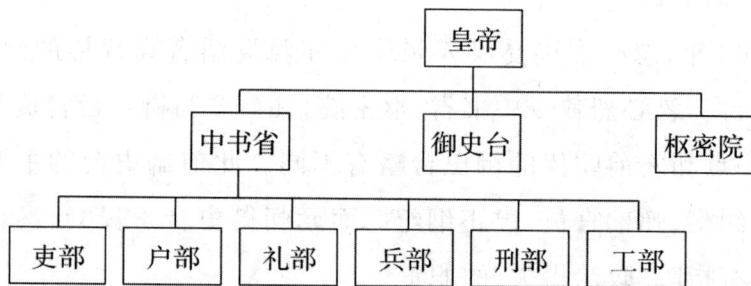

元朝中央官制图

2.地方官制：行省制

元朝的版图非常大（1372万平方公里），多民族并存，基于此，元朝开创了行省制度。元代的行省制度,也是我国省制的开端。

行省是行中书省的简称,它是由中书省派出机构发展形成的地方行政组织。行省被称作"流动的中央政府"。行省的最高行政长官为平章政事,行省长官及其下属官员都由朝廷任命。行省之下设路、府(州)、县。

元朝的行省基本确立为十一大行省和两个行政区划——京畿周围(山东、山西、河北、内蒙古南部以及河南北部等元大都周围地区由中书省直辖,称"腹里"),由中书省直接管理,其他地方设行省;西藏由中央宣政院直辖,边远民族地区由宣慰司管理。

行省的范围虽然很大,但是行省长官的权力一直受到中央的制约,他们有统领郡县和镇守边关的职能,可是不能随便行使权力,否则要被追责。

二、元朝时期的选人、用人、育人

1.选人

元朝选人以两种方式为主:其一是"根脚选人",也就是由与元朝廷关系远近而决定,主要采取世袭、恩荫与推举制的方式。其二是科举选人,对于普通人来说,科举考试依然是改变命运的主要途径。从1313年元仁宗下诏恢复科举起,元朝共举行了十六次科举考试,考中进士的共计1139人。

元朝时将朱熹的理学定为考试内容。元朝蒙古人和色目人只要通过两场就可赐进士及第,他们第一场考经问五条,包括《大学》《论语》《孟子》《中庸》和《朱氏章句集注》;第一场通过之后,接着考第二场,考题为五百字以上的时务题。汉人、南人需要考三场。第一场不仅要考《大学》《论语》《孟子》《中庸》和《朱氏章句集注》,还考《诗》《尚书》《周易》《春秋》《礼记》;第二场考用古体作文的能力;第三场才考时务题,且必须千字以上。

由此可以看出,朱熹理学是必考内容;汉人、南人的考试难度普遍比蒙古人和色目人的要大。

2. 怯薛制度

怯薛原是由成吉思汗亲自组建的一支军队,后来发展成为元朝的宫廷军事官僚集团。怯薛主要由贵族、大将等功勋子弟构成,每名普通的怯薛军士兵都有普通战将的薪俸和军衔,他们的统帅是元初"四杰":木华黎、赤老温、博尔忽、博尔术,又被封为"四怯薛长"。怯薛享有非同一般的特权,普通的怯薛军人的地位甚至高于千户官。元朝时,大都和皇城的一般军事防务改由五卫亲军负责,怯薛主要保存了护卫宫城的职能,其他职能有所削弱。但是,怯薛仍然由皇帝直接掌管,享有许多特权。

1268 年,忽必烈规定三品以上的文武官员遣子一名充当秃鲁花,秃鲁花军构成了怯薛的一部分。这样,怯薛就扩大成了由蒙古贵族、白身人以及高官子弟组成的队伍。据估计,怯薛出身的官员约占官员总数的十分之一,且担任的都是要职。四怯薛长当时在忽必烈朝中分别担任中书右丞相、知枢密院事、中书平章政事、御史大夫。他们的后人,除赤老温无后外,木华黎、博尔术、博尔忽三大家族的子孙共 84 人,任三品以上官职的有 39 人。

怯薛入仕,不需要经中书省,直接被皇帝任命官职,这在元朝被称之为"别里哥选"。由于怯薛出仕容易得到好官,于是当时不少人想方设法加入怯薛。明朝学者杨士奇在《历代名臣奏议》记载:"富者财力一到,便可干别里哥,早得名分","人争羡慕,谓投当怯薛者,即可得六品管民官"。

一开始,怯薛入仕官员不乏饱学之士,由于他们的突出才能,在担任官职后受到皇帝的赏识,从而被破格特授。如南人李拱辰,因为善译语,元英宗即位后特授御史台都事。怯薛在元朝中后期已经成为高级官员的储备库,且是蒙古勋贵中儒化较深的集团。

元朝后期,随着怯薛的成分越来越复杂,开支也越来越大,元成宗铁穆耳时开始整顿怯薛;元成宗以后,元廷明令不得再收汉人、南人入怯薛。

3.蒙古国子学、回回国子学、社学

元朝虽然不重视科举制,但是很重视育人,学校培养的官吏在元朝比重不小。中统二年(1261 年),忽必烈令置各地学校官,专抓学校教育。官学学校的学生毕业后,经州县主官推荐、御史考核合格后,可获得直接任命。

元朝的官学吸取前朝经验,分为中央官学和地方官学。中央官学在前朝的国子监之外,开创了蒙古国子学和回回国子学。蒙古国子学主要用来供王公子弟学习蒙古专门文化,普及蒙古文字;回回国子学则主要学习波斯文字。相比之下,专门学习汉文化的国子学在地位和待遇上就差了很多。

元朝在地方上建立了路学、府学、州学、县学等官学,大体上沿用了唐宋时期的地方官学体系。另外,开创了"社学"。元朝规定,各个县所辖的村庄以五十户为一"社",设社长一人,并设学校一所,"教劝农桑为务",农忙时忙碌劳作,农闲时则令弟子入学。"社学"被明清两朝继承了下来。

三、安童 19 岁拜相是元朝用人以等的典型

安童(1246—1293)是蒙古勋贵木华黎四世孙,13 岁担任怯薛长,19 岁拜相,是元世祖时的重要人物。

安童出身显贵,他母亲与世祖的皇后是姐妹,因这层亲戚关系,安童小小年纪就出入宫廷,与大人一道讨论国事。

1263 年,忽必烈战胜阿里不哥,俘虏千余人。要如何处理俘虏?忽必烈见安童在跟前,就问他是否应该杀掉这些人。安童答道:"两军对垒,军士如何知道陛下是不是在阵中?况且您刚平定诸部,此时不推恩,反而因私怨杀死无罪之人,如何能安定人心?"

一番话说得有理有据,忽必烈对这个 16 岁的孩子赞赏有加。1265 年,忽必烈下诏,任命安童为中书右丞相。同为右丞相的汉臣史天泽,地位在安童下。

安童是元初受汉儒影响较深的贵族少年,由他出任丞相,亦有拉拢汉臣之意。安童拜相后,即奏请燕王真金领中书省事,又奏召许衡入朝。许衡推辞不就,安童亲自上门拜访请教。世祖特召许衡,嘱咐他说:"安童尚幼,未更事,善辅导之。汝有嘉谟,当先告之以达朕,朕将择焉。"

安童两度出任丞相,能荐用和亲厚儒臣,崇尚汉法,政刑宽平,多次制止滥用死刑,故有贤相之誉。但安童在任期间,前有阿合马,后有桑哥以理财受世祖信任,使他难以完全贯彻以儒治国的方针。

第三节　元朝时期用人略评

元朝"任人唯等"的用人之道,建立在民族歧视基础上,元朝以武力夺取天下,仍想以武人思维治理天下,结果其国祚不到百年。历史上,统治文明程度更高的地区,采用简单粗暴的方式,都不会长久。

任人唯等,本质上是民族压迫、民族歧视在用人政策方面的制度化。这种不公正的用人制度,最终为元朝的覆亡埋下了隐患。

其一,"内蒙外汉"的二元政策,容易造成冗官和贪污现象的发生。在各级各类官署普遍推行多员制的情况下,元朝的冗官仅次于宋朝。相比宋朝人浮于事的冗官,元朝的冗官更可怕。元代叠床架屋出来的官员,都是过问政事的。这样,除了加重财政负担外,还导致"官多政乱""多头多管"的恶果。元朝冗官与薄俸并行,加上蒙古人有"撒花"(索贿)习俗,其政治腐败更甚宋朝,导致不足百年而亡。

元朝官员中贪污腐败的代表当属阿合马。阿合马为元世祖设计了种种搜刮民财的方案,例如清理户口、垄断专利、滥发钞票等。他利用职务之便也为自己大肆敛财。阿合马和郝祯、耿仁相互勾结,专门从事蒙蔽皇帝、私下收税的活动;表面上看是执法严明,暗地里接受贿赂;百姓有近郊的良田,就抢夺据为己有。阿合马死后,忽必烈因后知后觉,一怒之下下令掘墓开棺,在通玄门外斩戮其尸体。

其二,"四等人制",严重激化了民族矛盾。元朝本来存在着各民族、各地区之间的矛盾,这些矛盾激化到最后,矛头统统指向了蒙古贵族。蒙古人被列为一等民,相应地也成为了仇恨的靶子。

元朝末年,国家军政大权已经转移到握有实力的蒙古保守派大臣和钦察军事将领之手;贪污剥削愈来愈严重,政府卖官鬻爵,贿赂成风,官吏敛括的花样无奇不有;土地高度集中,"富者愈富,贫者愈贫"。在这种背景下,汉人揭竿而起,他们头裹红巾,打出"虎贲三千,直抵幽燕之地;龙飞九五,重开大宋之天"的旗帜。

用人以公,方得贤才。公正用人,组织才能赢得公信。元朝任人唯等,失去了公正,也就失去了民心。

任人唯制

官僚制度为皇权服务的明朝

　　明朝(公元 1368 年—1644 年),传十六帝,享 276 年国祚。明朝时期,皇权空前加强,多民族国家进一步统一和巩固,这得益于明朝较为完整的官僚制度系统。任人唯制,是明朝用人的最大特色。钱穆在《中国历代政治得失》中指出:"明代是中国近代史的开始时期,同时也是世界近代史的开始时期。从明迄今,七个世纪,六百多年,西方欧洲走上一个新的近代史阶段,中国也复如是……现代中国大体是由明开始的。"不过,明朝也是一个光明和黑暗并存的时代,其用人之极端,也经常受到后世诟病。

第一节　明朝时期的用人思想

明朝作为一个"拨乱反正"的朝代,用人思想明显不同于元朝,且颇多创制,所以关于明朝用人思想和用人制度的研究很多。其中,《明史》《明通鉴》《廿二史札记》《明实录》《国榷》《明会典》《明史纪事本末》中,就有许多明朝用人的详细记载。

一、"元季丧乱,版籍多亡"是明朝重视创制的根源

元末天下大乱,1368年,朱元璋在应天(南京)称帝,国号为明。同年攻克大都。1421年,朱棣迁都北京。明朝自朱元璋建制到1644年崇祯自杀,共历十六帝,明朝世系如下表:

明朝帝系表

庙号	姓名	年号	在位时间	庙号	姓名	年号	在位时间
1 太祖	朱元璋	洪武	1368—1398	9 孝宗	朱佑樘	弘治	1487—1505
2 惠帝	朱允炆	建文	1398—1402	10 武宗	朱厚照	正德	1505—1521
3 成祖	朱棣	永乐	1402—1424	11 世宗	朱厚熜	嘉靖	1521—1566
4 仁宗	朱高炽	洪熙	1424—1425	12 穆宗	朱载坖	隆庆	1566—1572
5 宣宗	朱瞻基	宣德	1425—1435	13 神宗	朱翊钧	万历	1572—1620
6 英宗	朱祁镇	正统	1435—1449	14 光宗	朱常洛	泰昌	1620
		天顺	1457—1464	15 熹宗	朱由校	天启	1620—1627
7 代宗	朱祁钰	景泰	1449—1457	16 思宗	朱由检	崇祯	1627—1644
8 宪宗	朱见深	成化	1464—1487				

之后,明朝宗室在南方建立过多个政权,史称南明。清兵入关后,陆续击败弘光、隆武、绍武等诸政权。1662年永历帝被杀,南明覆灭。1683年,清军攻占台湾,奉明正朔的明郑覆灭。

明朝疆域在永乐年间最为辽阔,囊括汉地十八省,东北抵日本海、外兴安岭(后缩至辽河流域);北达阴山(后撤至明长城);西至新疆哈密(后退守嘉峪关);西南达缅甸和暹罗北境(后折回约今云南境);并在青藏地区设有羁縻卫所,还曾收复安南(今越南)。

明朝时,通过废丞相、设厂卫特务机构等措施,专制主义中央集权达到顶峰,也为宦官乱政埋下伏笔。

15世纪到17世纪,由于航海技术的革新,哥伦布发现了新大陆,欧洲冒险家开辟了通往非洲、美洲、亚洲的新航路,欧洲与亚洲的联系更加频繁,东西方之间的文化、贸易交流大量增加。明中后期,手工业和商品经济日益繁荣。白银通过海路流入中国,白银在明中后期成为主要流通货币,到了清朝时同样也是如此。同时,玉米、番薯等作物也被引入,高产量的农作物大量种植,使得明代人口激增,进一步刺激了商品经济的发展,江南等地出现了工商业繁荣的市镇,市民文化也随之繁荣起来。

明朝后期,政治腐败、宦官专权,民怨沸腾,1644年,农民起义军打进北京,崇祯皇帝自杀。同时,清兵入关,明王朝宣告灭亡。

二、明朝时期的用人思想

明朝文官系统已经非常发达,通过科举出仕,在程式化的官僚系统中,拣选出能干的官吏是政令通达的关键。有明一代,只有张居正被史学家称颂,他任首辅期间,整饬朝政、加强防务、推行一条鞭法。张居正改革之所以成效显著,在于他善于用人。张居正的用人之道,有以下几个特点。

1. 重用循吏

张居正用人,重视政绩。他认为一个称职的官吏,首先要能履行自己的职责,完成自己的工作,实实在在为老百姓办事。道德操守高的官吏,如果不能处理好政务,有政德而无政绩,并不是好官。比起清流,张居正更信赖能吏。他启用了大批能干的官吏,如李成梁、戚继光、王崇古等。

张居正用人不疑,重用这些能吏,当他们遇到人事方面的掣肘时,张居正总是支持他们,让他们可以在自己的岗位上施展才华。戚继光担任蓟辽总兵十三年,戚继光的上司与戚继光发生矛盾时,张居正都会详细问明情况,进而支持戚继光切实的防务措施。戚继光任职期间,蓟辽地区没有发生过一次战争。

张居正喜欢用干实事的人,崇尚空谈的文人在张居正主政时期,仕途都比较失败。汪伯昆是当时诗坛领袖,朝廷派他巡视西北军务,谁知王伯昆将正事放一旁,每到一地,就与当地文人一起吟诗作赋。汪伯昆回京后,循例上奏考察情况。张居正批道:"芝兰当道,不得不除。"意思是王伯昆不能胜任本职工作,他的官职被罢免。

2.用人必考,授任以当

张居正整饬吏治,最重要的举措就是设立考成法。考成法类似于如今的绩效考核。考成法将官员需要办理的政务进行量化,规定完成时限,建立工作台账,一式三份留存。再由六部和都察院按照台账,对所属干部逐项对照检查,完成一件,注销一件,否则以渎职论处。张居正当政期间,裁革的冗官约占官吏总数的十分之三。

张居正考察官员们,不看科第出身,只看工作业绩。山东昌邑知县孙凤鸣贪赃枉法,当时年纪尚幼的万历问张居正:"孙凤鸣进士出身,为何这样放肆呢?"

张居正答道:"孙凤鸣正是凭借他进士出身的资历,才敢这样放肆;以后用人,当视其才,不必问其资历。"

张居正用人,不拘出身和资历,"论其才,考其素",考察官员们的长处和短处,用其所长,避其所短,"用人必考其终,授任必求其当"。

张居正曾说:"世不患无才,患无用才之道"。张居正的用人之道至今仍值得我们学习与借鉴。

第二节　明朝时期的用人制度与实践

明朝时,君主专制空前加强,这与全面系统的用人制度不无关系。学者孟森在《明史讲义》中写道:"凡享国稍久者,必有一朝之制度。制度渐坏,国祚渐衰。有经久之制度,即有历久之国祚。蒙元以武力得天下,也以武力治天下,法度尽紊,实无制度可言。洪武开国,一切扫除更新,其创意所成之制度,奠大明二百七十七年国基。清承明制,又奠二百六十八年之国基。"为了加强皇权,明朝的用人制度在汉、唐旧制的基础上,有所改革,其官制影响一直延续到清朝。

一、明朝的官制

1. 中央官制

中国古代用人制度,到明朝有了一大改变,那就是宰相被废除。为了加强皇权,明太祖朱元璋废除了沿用已久的三省制,罢宰相,六部直接对皇帝负责,在六部之下设六科,实行"六部六科制"。整体上,中枢组织系统比宋、元简化了许多。

明初原本沿袭元朝制度,设有中书省,置左、右丞相。丞相作为中书省的最高长官,负责统领六部。1380年胡惟庸案之后,朱元璋罢左右丞相,废中书省,将中书省之权分归于六部。

胡惟庸原是洪武丞相,权倾朝野,他在朝中遍植朋党,不遗余力地打击异己。他独断专行,让朱元璋心生厌恶,从而罢丞相之职。胡惟庸成为中国历史上最后一名丞相,此后"丞相"一职不复存在。

朝廷政务繁多,皇帝一人无法胜任,明朝另设内阁充为顾问。明成祖时,内阁制正式确立,相当于皇帝的秘书厅。明中后期,内阁权力不断增大,终成明朝行政中枢。比如,明宣宗时,朝廷事无大小,实际上都由大学士杨士奇来决定。到明世宗时,内阁大学士夏言、严嵩的权力,到了可以压制六部的地步。

明朝六部直接向皇帝汇报工作,使得六部的权力扩大,朱元璋担心六部的权重威胁皇权,又设六科给事中,以监察六部。六科,即吏科、户科、礼科、兵科、刑科、工科六科。每科各设都给事中1人(正七品),左、右给事中各1人(从七品),给事中4至10人不等。六科给事中官职虽小但权力极大,按六部业务进行对口监察。

明朝三公(太师、太傅、太保)、三孤(少师、少傅、少保),名义上是皇帝的辅佐官,实为虚衔。

明朝还设有管理皇室事务的机构——宗人府,掌管明朝皇帝九族的宗族名册,并按时撰写帝王谱系,记录宗室成员子女的嫡庶、名称封号、嗣职袭位、生卒年间、婚嫁、丧葬谥号等事。

东宫辅臣也是中央朝廷的重要机构,其中包括:太子三少,即太子少师、太子少傅、太子少保三职的合称,正二品。最初负责掌奉皇太子的道德或教谕等事,为东宫辅臣。

值得一提的是,为了给皇宫贵族制药、看病,明朝还专门设立了太医院,设正五品院使一人,正六品院判二人,正八品御医四人,从九品吏目若干人。

```
              ┌──────┐
              │ 皇帝 │
              └──────┘
          ┌──────┴────────┐
     ┌────────┐      ┌────────┐
     │ 加强军权 │      │ 特务监察 │
     └────────┘      └────────┘
    ┌────┬────┬────┐  ┌────┬────┬────┐
 ┌────┐┌──────┐┌──────┐┌──────┐┌────┐┌────┐
 │六部││殿阁大学士││五军都督府││锦衣卫││东厂││西厂│
 └────┘└──────┘└──────┘└──────┘└────┘└────┘
```

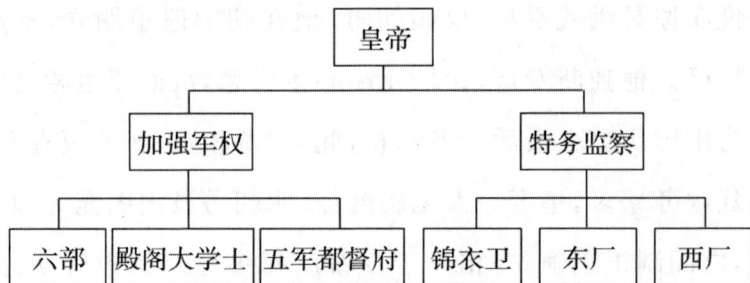

明朝加强皇权举措

2．地方官制

明朝地方官制,共设省、府、州、县四级行政机构。据《明史·地理志》记载:终明一朝,有 2 京 13 布政使司共 15 个省级行政区,140 府,193 州,1138 县。

(1)省级:明初沿用元制设行省,洪武九年改设承宣布政使司(简称"布政司"),习惯上仍称为"行省"。因为元朝的地方行省权力过大,所以朱元璋吸取教训,将行省长官一分为三,布政司只管民政,按察司管司法,都指挥使司管军事,合称"三司"。三司长官同秩同阶,皆从二品。

具体来说,布政司设左、右布政使各一人,即为行政区最高行政长官。布政使下设员额不定的参政、参议。

按察使司,掌"一省刑名按劾之事"。按察司设按察使及副使、佥事等官。按察使虽然掌管全省的刑名案件,但他的审理权限只限于徒刑及以下的案件,徒刑以上的案件要由刑部审理。

掌管军事的都指挥使司,设都指挥使 1 人,下设人员不等的卫指挥使司、千户所、百户所。下面军事官制部分详细介绍。

(2)府级:明初改元制,废"路"而统称"府",隶属于道。明朝有很多道:布政司的参政和参议,分管的诸道,称分守道;按察司的副使和金事,分管的诸道,称分巡道。除了这两种道之外,还有水利道、屯田道、管河道、盐法道等道。而府又细分为上(粮二十万石以上者)、中(二十万石以下者)、下(十万石以下者)三等,设有知府、同知、通判、推官、经历、知事、照磨、检校、司狱等官职。

(3)州级:明朝的州制保留了元代的"州"和"属州"区分。直隶州,地位相当于府,直隶于六部或布政司;属州,指"属府之州",地位相当于县,隶属于府。比如,明朝时,江苏设有七个州,有一个直隶州——徐州,六个散州:隶属淮安府的邳州、海州,隶属扬州府的高邮州、泰州、通州和隶属苏州府的太仓州。各州设有知州、同知、判官、吏目等官职。

(4)县级:县分上(粮十万石以下者)、中(六万石以下者)、下(三万石以下者)三等,隶属于府或州。设有知县、县丞、主簿、典史等官职。知县虽然只是"七品芝麻官",但因其是亲民之官,朝廷很重视知县,多用新晋进士担任。

3.军事制度

为了加强皇权,明朝自有一套独立于行政划分之外的军事官制。

朱元璋攻下南京后即设行枢密院,由自己担任。后罢枢密院,改设大都督府,以朱文正为大都督,节制中外诸军事。下设司马、参军、经历、都事,又增设左右都督等。1366年,因防权重,朱元璋又废大都督,改以左右大都督为长官。建国后,改大都督府为五军都督府(中、左、右、前、后),"分领在京各卫所""及在外各都司、卫所"。五军都督府每府各有左右都督、都督同知、都督金事及经历、都事等官。这些官职,后渐变为空衔。

五军都督府之下的在京各卫,称为京卫。京卫有上直卫、南京卫、北京卫等,各设指挥使司,有指挥使(正三品)、指挥同知(从三品)、指挥金事(正四品)等官。京卫又设镇抚司,有镇抚等官。上直卫的亲军指挥使司有二十六个卫,锦衣卫、旗手卫、燕山左卫等。

其中,锦衣卫名为宿卫扈从,实际上监督百官,负责侦察、逮捕、审问、收集军情、策反敌将等职能。锦衣卫的长官称为锦衣卫指挥使,一般由皇帝的亲信武将担任,直接向皇帝负责。从明朝开始,武将第一次掌有监察百官万民之权。锦衣卫权力很大,可以直接逮捕皇亲国戚,进行不公开审讯。

锦衣卫加上"三司"和先后出现的宦官机构——东厂、西厂、内厂,就构成了明朝严密的"特务机构"。

明朝监察机构表

元首	所属官署	首长	职掌	性质	隶属	设立时间
皇帝	刑部	尚书	(司法部)	司法机构(三法司)	司法系统	
	都察院	都御史	(监察部)			
	大理寺	大理寺卿	(最高法院)			
	锦衣卫	指挥使	调查及逮捕谋反妖言大奸大恶	军事机构	诏狱系统(即秘密警察系统)	第一任皇帝朱元璋
	锦衣卫镇抚司	镇抚使	对移交案件审判			同上
	东厂	提督太监	调查及逮捕谋反妖言大奸大恶	宦官机构		第三任皇帝朱棣
	西厂	提督太监	调查及逮捕谋反妖言大奸大恶			第九任皇帝朱见深
	内厂	提督太监	调查及逮捕谋反妖言大奸大恶			第十一任皇帝朱厚照

在地方,明朝特设类似现代军区的军事辖区,即都指挥使司(简称都司)。都指挥使司负责管理所辖区内的卫所,以及与军事有关的各项事务,是地方最高军事机构长官,隶属于中央的五军都督府,并听命于兵部。

各省都司之外,在边防要地则单设都司,实行军民合一的统治,如辽东都司,治定辽中卫(今辽宁辽阳);大宁都司,治大宁卫(今内蒙古宁城);万全都司,治宣府卫(今河北宣化)。在边境海疆的陕西、山西、湖广、福建、四川五省的省城之外,增设行都司,以辅都司之不及。明朝共置有 21 个都司、行都司。官职除了都指挥使之外,还有都指挥同知(从二品)、都指挥佥事(正三品)等。

都司、行都司之下又设卫所,卫下辖千户所,千户所下辖百户所。自卫指挥以下,官兵多世袭。

二、明朝时期的选人、用人、育人

1.选人:荐举与科举并行交替

明朝采取荐举与科举的方式来选拔官员,科举又分为文举和武举。

(1)荐举

明朝建国不久,官员缺额很多。据《明史·选举志》载,1370 年,朱元璋诏告天下:"自今年八月始,特设科举,务取经明行修,博通古今,名实相称者,朕将亲策于廷,第其高下而任之以官,使中外文臣皆由科举而进。非科举者,毋得与官。"

连续三年举办科举后,朱元璋发现所录取的人才,大多是"后生少年",他们只会写文章,缺乏实际工作能力。于是,他在洪武六年(1373 年)二月决定暂停科举,"别令有司察举贤才,以德行为本,而文艺次之"。荐举的科目有聪明正直、贤良方正、孝弟力田、儒士、孝廉、秀才、人才、耆民等。由各地方长官举送京师,破格录用。从此,科举停了十年。

然而,荐举的效果也差强人意。荐举人才并不比科举人才更有行政能力。经过比较,朱元璋感到科举制度更优,便在 1384 年,公布《科举成式》,基本制定了明朝此后二百五十多年的科举法规。

(2)科举

永乐以后,科举日重,荐举日轻。能文之士,率由场屋进以为荣,荐举一途"久且废不用矣"。

明朝的科举制度,分为乡试、会试和殿试三级。

乡试,又称乡闱,每三年举办一次,考试分三场:第一场,考试《四书》义三道,经义四道。第二场,考试论一道,判语五条,诏、诰、表内科一道。第三场,考试经史策五道。三场考试,分别在八九日、十二日和十五日进行。乡试监考很严,考生入场要经过严格的搜身,考场内有号军监视,防止作弊。乡试通过就是举人了。乡试第一名叫"解元"。

会试是由礼部主持的全国考试,又称礼闱,在乡试的第二年,于京师举行。参加会试的必须是举人。会试也分三场,考试的内容和程序基本上和乡试一样。监考更加严格,监考官由级别较高的官员担任。会试第一名叫"会元"。

会试通过后就可以参加殿试了。殿试,是明代科举的最高一级考试,因考场在奉天殿或文华殿而得名。殿试是"天子亲策于廷",所以又称廷试。殿试的内容很简单,仅试时务策一道。试题一般由内阁预拟,并在考试前一天呈请皇帝圈定。殿试以一日为限,日落前必须交卷。完卷后,受卷官以试卷送弥封官,弥封毕送掌卷官,掌卷官立即转送到东阁,由读卷官进行评阅。读卷官的任务,只要在试卷中挑出三份卷子,以便确定一甲三名的人选。

明朝殿试的名次分为一、二、三甲。一甲三人,称状元、榜眼、探花,赐进士及第;二甲若干人,赐进士出身;三甲若干人,赐同进士出身。这些进士吃过皇帝赐的"恩荣宴"后,就可以做官了。

如果考生一路连中解元、会元、状元,被称为"连中三元",在明朝,这是无上荣光的事情。不过这种事情的发生几率很低。据历史记载,只有许观和商辂二人曾经连中三元。

许观,原名黄观,会试、廷试都是第一,先后被任命为礼部右侍郎、右侍中次尚书,朱棣发动"靖康之变"后,下令诛杀黄观九族共百余人,黄观投江自尽。

商辂是明朝第二个"三元及第",先被选入内阁,结果不久遇到"夺门之变",莫名被削籍除名。1467 年才再度入阁,慢慢晋升为内阁首辅、少保、吏部尚书兼谨身殿大学士等。商辂为人刚正不阿、宽厚有容,临事果决,时人称"我朝贤佐,商公第一",与彭时齐名,为成化年间正直阁臣的杰出代表之一。《明史》评价道:"有明贤宰辅,自'三杨'外,前有彭(时)、商(辂),后称刘(健)、谢(迁)。"

（3）八股文

说到明朝科举,八股文是一个绕不开的话题。所谓八股,是对科举考试特定文体的一种称呼。这种文体有着严格的规范:破题、承题、起讲、入手、起股、中股、后股、束股,考生必须按照官定模式进行写作。明成化年间,八股取士之制成为"永式"。

《明史·选举志》谓八股文"代古人语气为之",也就是说必须用圣人的语气阐述圣人的思想,忌讳掺杂个人思想。这种严格的思想控制让读书人只能被动接受统治者希望灌输的思想,达到了形式上的思想统一,但也限制了人才的创新。顾炎武在《日知录》中感叹:"自八股行而古学弃,《大全》出而经说亡。"他说的《大全》,是明朝官方对《五经大全》《四书大全》《性理大全》等必考书目的删减修订版。

(4)武举

除了文举,明朝还有武举。武举直到弘治六年(1493 年),才正式定下来,六年考试一次,后改为三年一试。武举分为乡试和会试,录取人数不定。万历三十八年(1610 年),才定会试录取名额为 100人。崇祯皇帝时才有了武举殿试。

崇祯四年(1631 年),武举会试,举人中能使用百斤大刀的只有王来聘和徐彦琦二人,徐彦琦却未被录取,发榜后崇祯非常生气,将考官和监试御史拘捕,关进监牢,兵部郎二十二人全部撤职,另派方逢年、倪元璐等再试,录取了翁英等 120 人。崇祯采纳方逢年、倪元璐的意见,"悉如文例",分别赐给王来聘等进士及第和进士出身。

2.用人:回避制与考成法

明朝对中央和地方官吏的任用,皆实行一定范围和程度不同的回避制度。洪武元年(1368 年),朱元璋规定:"凡内外官属衙门官吏,有系父子、兄弟、叔侄者,皆从卑回避。"(《明会典》卷五《改调》)此后各界政府多次重申这一规定。任官回避分为亲族回避、籍贯回避和职务回避三种,具体来说,所有官吏都实行亲族回避,地方官吏实行亲族和地区的双重回避,一些重要的官吏则另有特殊要求的职务回避。比如,户部官不得用浙江、江西、苏松人,甚至连日常办理具体事务的吏员也包括在内,因为这些地区是明朝赋税收入的主要来源,所以要防止这些官吏互相串通。回避制度的实行,可以防止以权谋私,对于防止腐败有一定作用。

明朝对官员的考核也很严格,分成考满法和考察法。考满法是对任职官员进行独立考核,分定等次,以等次作为官吏转、迁、升的凭据。京官每六年考察一次,曰"京察";外官每三年考察一次,曰"外察";每次"考满"分上、中、下三等。考察法分"八法",曰贪、曰酷、曰浮躁、曰不及、曰老、曰病、曰罢、曰不谨。凡具有其中一条者,即予以降、调、撤职和处分。"八法"之首即查贪。

万历年间,张居正提出了新的官员考核制度——考成法。考成法规定:六部和都察院把所属官员应办的事情定立期限分别登记在三本账簿上,一本由六部和都察院留底,另一本送六科,最后一本呈内阁;由六部和都察院按账簿登记,然后逐月进行检查;每完成一件登记一件,反之必须如实申报,否则论罪处罚;六科也可要求六部每半年上报一次执行情况,违者限事例进行议处;最后内阁也可对六科的稽查工作进行查实。如是一来,形成了一套以内阁统领监察机构、再以监察机构监督中央六部,并以六部统率文武百官及地方官员的完善考评机制。有了考成法,"立限考成,一目了然",这样各级部门的办事效率就提高了,而且彻底打破了论资排辈的晋升制度。

3. 育人:"科举必由学校"之制

明朝以前的朝代,入学是参加科举考试的途径之一。到了明朝,进学校成了科举的必由之路。

朱元璋认为:"治国以教化为先,教化以学校为本。"为了推行文化专制,他对学校非常重视。1365年,当他还是吴王的时候,就在应天建立国子学。1369年,他又令各府、州、县设立学校。

国子学是最高学府,不久改成国子监。国子监设祭酒1人(总领监务),司业2人(分掌六堂,主持教务)。下面分设监丞(管训导),典簿(管总务),典籍(管图书),典馔(管食物),博士(负责分经授课),助教、学正、学录(分别负责管理六堂事务)。

在国子监学习的学生统称监生,举人入监的称举监,生员入监的称贡监,官僚子弟入监的称荫监,捐资入监的称例监。明朝建国初期,因为急需大批人才,监生毕业后成绩优异者即可出任中央和地方官员。明成祖以后,只有参加科举,中了进士,才可能当官。

明朝国子监的教学非常严格。从学习内容来说,不仅要学习儒家经典《四书》《五经》,还要学习刘向的《说苑》、律令、书法、数学、《御制大诰》等。每天要学二百余字,每月要考试一次,经、书义各一道,诏、诰、表、策、论、判中选二道。课堂纪律严格,监生一旦违反了学规,首次记在《集愆簿》上,以示警告;再犯就会受到体罚,屡教不改者会被开除,更严重者会遭遇戴枷、监禁甚至杀头。

明朝在地方也都设立官学。人员配备上,府学设教授1人,训导4人;州学设学正1人,训导3人;县学设教谕1人,训导2人。学童入学前,要参加一次考试,考试合格才会被录取。明朝统称府学、州学、县学的学生为"生员",俗称"秀才"。此秀才和唐朝的秀才,已经不是一个概念。"生员专治一经,以礼、乐、射、御、书、数设科分教"。科考列一、二等者,才能取得参加乡试的资格,称"科举生员"。获得"科举生员"资格后,才正式进入科举考试。

三、庶吉士和观政进士是明朝任人唯制的典型案例

进士观政制度是明朝中央政府培养行政人才的重要举措。明朝士子进士及第后,并不会立马授官,而是要到六部等机构和翰林院做实习生,经过观察期,确定有能力担任官吏再录用。这个过程叫作观政。翰林院的实习生称庶吉士,六部的实习生称观政进士。

《明史·选举二》:"(洪武)十八年廷试,擢一甲进士丁显等为翰林院修撰,二甲马京等为编修,吴文为检讨。进士之入翰林,自此始也。使进士观政于诸司,其在翰林、承敕监等衙门者,曰庶吉士。进士之为庶吉士,亦自此始也。其在六部、都察院、通政司、大理寺等衙门者仍称进士,观政进士之名亦自此始也。"

科举进士中排名前列、非常有潜质者,才会被授予庶吉士。明朝有惯例:非进士不入翰林,非翰林不入内阁。所以,士子成为庶吉士都有机会平步青云,如大改革家张居正就是庶吉士出身。张居正在

嘉靖二十六年中二甲第九名进士,入选庶吉士,跟着内阁重臣徐阶学习。在徐阶的引导下,张居正努力钻研朝章国故,为日后走上政治舞台打下了坚实基础。张居正在翰林院学习的时候,正值内阁大学士夏言、严嵩争夺首辅职位,夏言先夺得首辅,后因严嵩进谗而被杀,严嵩最终成为内阁首辅。张居正对此冷眼观察,写下了《论时政疏》。

没有入选庶吉士的进士,则分派到六部、都察院、大理寺、通政司各司实习。观政进士实习的时限比庶吉士要短,有半年、三个月两种说法。《明宪宗实录》成化八年三月丙辰:"诏下其章于吏部。尚书姚夔等覆奏以为:洪武、永乐间进士分拨诸司办事半年,吏部以次取选。"《明熹宗实录》天启五年四月癸未:"兵科给事中陆文献疏言:进士观政各衙门三月,乃始选除。"

在观政期间,进士以学习为主,只有个别部门下的"实习生"才可以参与执政,比如在刑部、都察院观政的进士可以介入刑狱审理。观政结束后,一部分进士留在京师,一部分进士外放。外放者,授知县、知州和府一级推官。

相比唐宋仅凭一场考试定论,一旦中进士即可当官的做法,明朝的进士观政制度,是一种进步。通过这种再遴选方式,可以有效避免录用到"华而不实"的人才。实习期的设置,可以锻炼人才,使人才明晓政体,扩充见闻,确保在熟悉政事的前提下任职,无疑会提高执政能力和执行效率。

第三节　明朝时期用人略评

明朝用人以制,这套制度是为加强皇权而制定的,成熟的文官体系可以避免皇权旁落,但其弊端也十分明显,当皇帝怠政或荒唐时,无人可以节制。

一、明朝时期用人的成功经验

人管人累死人,而制度管人,标准管事,组织才能长治久安。明朝在推进皇权集权化的同时,对实现清明廉政进行了大量探索和实践,因此形成的惩贪立法和立法完备性是以往任何朝代都不能比拟的。很多制度即使到了今天也有借鉴意义,比如,依法惩治贪官污吏制度,人才选拔时的实习制度,科道官员的回避制度,鼓励民众参与监督的监察制度等,对于当今我国法治化建设、公务人员选录、提拔、考核、回避等诸多方面,仍有参考价值。

二、明朝时期用人的弊端和教训

明朝经过废除三省制,罢宰相,设内阁,六部直接对皇帝负责等改革,一切大权都集中到皇帝手里。君权得不到制衡,容易造成一言堂或过劳死。朱元璋就是积劳而逝的典型,明朝后继皇帝并不是每个都像他一样勤勤恳恳认真工作,"偷懒"的皇帝将权力分给宦官和内阁,这就造成了明朝宦官掌权、奸臣当道的悲剧。为了防止宦官乱政,朱元璋曾经在洪武十七年,铸了一块"内臣不得干预政事"的铁牌,挂在宫门,可谓煞费苦心,但结果却防不胜防。

历朝历代的士大夫与宦官是站在对立面的,士大夫阶层根本不屑与宦官为伍,但到了明朝,这一传统被打破。因为内阁大学士要通过宦官才能接近皇帝,所以他们只能在做事之前和宦官搞好关系。最典型的例子就是张居正改革。作为内阁大学士的张居正,正是"勾结"司礼监掌印冯保,才得以实现自己的政治抱负。

明朝讲究法制,但也存在用刑过重的问题。自古以来最惨刑法即凌迟处死——犯人在受尽千刀万剐之刑后血流干而死,就出现在明朝。朱元璋亲自指定的《大诰》,其中除了凌迟外,还有族诛、极刑、枭令、斩、死罪、墨面文身、挑筋去指、去膝盖、剁指、断手、刖足、阉割为奴、斩趾枷令等刑罚。朱元璋时，为了查获浙江一件假钞案，而"捕获到官，自京至于句容，其途九十里，所枭之尸相望"。朱元璋对"重典治国"政策的权宜性有深刻认识，他在临终前对继任者朱允炆说过，"吾治乱世，刑不得不重；汝治平世，刑自当轻，所谓刑罚世轻世重"。朱允炆即位后的确把《大明律》和《大诰》中过重的法律做了修改。只是，后面的统治者又恢复了酷刑。

上行下效，明朝出现了一大批善用酷刑的官吏，比如许显纯。许显纯是明朝末期的武进士出身，负责审理犯人，他为了让犯人认罪，会在审理时对其用刑，他因用刑残酷而出名。东林党人杨涟被捕后，许显纯先对其用土压，后将铁钉钉入额头和耳朵，直至杨涟写下控诉魏忠贤的绝笔之后再将他杀害。

在重典酷刑面前，官员感到侍君如侍虎，终日诚惶诚恐，唯恐灾祸从天而降。在朝廷任职的官员大多都是得过且过，做事墨守成规，不求上进，一旦出现问题，就立即推卸责任。他们不求立大功，只求不犯错的消极态度，严重影响了明朝的执政效率。有些官吏，为了确保不丢性命，极尽讨好、谄媚、行贿，用重典酷刑预防的腐败问题反而加剧了。

在选人上，明代科举制较前代更加完备，更加公平，但是在思想上也更加束缚人。考试内容多数从四书五经中命题，而解释只能以朱熹的注释为准，把人们的思想限制在程朱理学范围内，不能表达个人思想。试卷又规定必须用八股文体，这种做法，一方面导致所选人才的实践能力差强人意，另一方面也遏制了中国文化的发展。

任人唯顺

官僚体系高度发达的清朝

　　清朝(公元 1636 年—1912 年),是中国历史上最后一个王朝,共传十二帝,国祚 276 年。清朝以外族入主中原,官僚体系承袭明朝而稍作沿革;鸦片战争后,清廷增加了一些办理外交事务的部门,如总理衙门、海关等。晚清的政治改革中,以 1905 年废除科举制影响最为深远。

第一节　清朝时期的用人思想

清朝距离后世最近,所以关于清朝的历史资料也非常丰富,清朝官修史书《清实录》《清会典》《清文献通考》《清通典》《清通志》,中华民国初年由北洋政府清史馆编修的《清史稿》,都详细记述了清朝的用人思想和相关典章制度。

一、最后一个帝制王朝兴衰始末

1644 年,清兵入关,摄政王多尔衮下剃发令:"因归顺之民,无所分别,故令其剃发,以别顺逆。"这一政策遭到汉族人的强烈反对,除了个别汉族官员剃发,大多数官员或观望或护发南逃,百姓也不配合。多尔衮自知操之过急,一个月后收回成命。

1645 年,清朝统治者认为天下大定之时,再次颁布了剃发令:限10 日之内,官军民一律剃发,迟疑者按逆贼论,杀无赦。

剃发令与汉族传统观念中"身体发肤,受之父母,不敢毁伤,孝之始也"相冲突,引起汉族民众的强烈不满与反抗。"扬州十日""嘉定三屠",江南人民饱受残酷镇压。剃发令背后,隐藏的是人民对于清朝统治者的认同问题。清朝统治者必须确保自己的至高地位。为此,清朝虽然基本沿用明朝的制度,但在用人上,采取用人以顺的原则,重要官职一般都由满族亲贵担任,同时也会任用一些愿意归顺清朝的汉人。

清朝从雍正起,建立起秘密建储制度,择优选择继承者。

极盛时期的清朝,疆域辽阔,西抵葱岭和巴尔喀什湖,西北包括唐努乌梁海,东到太平洋库页岛,北至漠北和西伯利亚,南达南沙群岛。由于明朝时引入高产量的玉米、番薯等农作物,到清朝中叶,人口已突破四亿大关。

然而,清朝中后期,皇族不振,政治越来越腐败。朝中庸才当道,道光年间的一品大员曹振镛就是其中的代表。曹振镛进士出身,一生官运亨通。他总结自己的为官经验,说道:"无他,但多磕头、少说话耳!"门生中有人出任御史,他一定会告诫他:"毋多言,毋豪意兴!"道光十五年曹振镛去世,道光帝亲临吊丧。谥文正,入贤良祠。当时有人作《一剪梅》,讽刺曹振镛:

仕途钻刺要精工,京信常通,炭敬常丰;莫谈时事逞英雄,一味圆融,一味谦恭。

大臣经济在从容,莫显奇功,莫说精忠;万般人事要朦胧,驳也无庸,议也无庸。

八方无事岁岁丰,国运方隆,官运方通;大家襄赞要和衷,好也弥缝,歹也弥缝。

无灾无难到三公,妻受荣封,子荫郎中;流芳后世更无穷,不谥文忠,便谥文恭。

曹振镛是清朝官僚的典型,人浮于事,千里做官只为财,"三年清知府,十万雪花银",庸才贪官遍地的清王朝,是无法应对三千年来未有之大变局的。

1840 年的鸦片战争,成为中国近代史的开端,西方殖民者用坚船利炮打开中国国门。1898 年,戊戌变法失败,腐朽的清王朝已病入膏肓。1912 年,宣统逊位,从秦始皇起延续了两千多年的帝制时代终结了。

二、清朝的用人思想

清朝前期，统治者励精图治，以康熙皇帝为代表，他崇儒尊孔，开博学鸿词科，意欲招揽当世大儒。晚清时的中兴名臣曾国藩，写了一本人才学专著《冰鉴》。作为清朝明君与名臣的代表，他们的用人思想至今仍被人称颂。

1.康熙的用人思想

康熙是清朝开拓期的明君，十分重视人才，他认为，人才是国家致治的关键，"致治之道，首重人才"，(《东华录》康熙十三)"治天下之道，莫大于用人""用得其人，而天下之事自然就理"。(《康熙政要》第9卷)康熙用人，不拘满汉之别，强调"必学行兼优，方为允当"，或"才德兼优为佳"。(《康熙政要》)

康熙为了笼络汉族知识分子，对孔子极其尊崇。康熙二十三年(1684年)十一月，康熙南巡江苏回京途中，专程到山东曲阜孔庙祭祀孔子。康熙一迈进孔庙大成门，就行三跪九叩之礼。

康熙赞颂孔子道："至圣之道与日月并行，与天地同运万世帝王咸所师法。"特书"万世师表"四字额悬于殿中，后康熙根据大臣奏请，将此题字制成匾额在全国各州府的孔庙大成殿内正中悬挂。

除了当时的名儒，康熙也向西洋传教士学习西方科学。明朝后期，就有西方传教士到中国传教，他们带来西方的科学知识，尤其是西方的神武大炮，在清军入关战役中，发挥了巨大作用。好学的康熙优待西洋教士，徐日升、白晋、张诚、安多、苏霖、巴多明等西洋传教士作为侍从跟随在康熙身边，为他讲科学，备顾问。南怀仁主持钦天监二十年，死后又由徐日升代掌历政。康熙后期的地理大测量和《皇舆全览图》的刊印，就是依靠西方教士和西方技术完成的。

康熙认为，"中华帝王不分内外"，他重用传教士，使其"各献其长"。对于教士们的传教活动，康熙则不鼓励。

康熙继位后，平定三藩之乱，收服台湾，减轻赋税，安抚百姓，他的文治武功离不开他不拘一格、选贤任能的用人思想。

2.曾国藩的用人思想

"中兴第一名臣"曾国藩之所以能够取得不世之功，既与其识人、用人的卓然智慧有着密不可分的关系，更与其"以忠诚为天下倡"的用人理念分不开。曾国藩是咸丰、同治年间重要的道学家，他的用人思想不脱儒学藩篱，以德为重。曾国藩认为："德若水之源，才若水之波；德若木之根，才若木之枝。德而无才，则近于愚人；才而无德，则近于小人。二者不可兼时，与其无德而近于小人，毋宁无才而近于愚人。"

曾国藩认为人才对国家富强至关重要，他将"宏奖人才，诱人日进"当作人生的乐事。曾国藩善于以忠诚感召人心。

曾国藩延揽人才不遗余力，军事型、谋划型、经济型、技术型的人才都被他延揽至门下，容闳在《西学东渐记》中描述："当时各处军官，聚于曾文正之大营者不下二百人，大半皆怀其目的而来。总督幕府中亦百人左右。幕府之外，更有候补之官员、怀才之士子，凡法律、算学、天文、机器等专门家，无不毕集，几于举全国之人才精华，汇集于此。"

曾国藩尤为重视培育人才，"以躬行为天下先，以讲求有用之学为僚友劝，士从而与之游，稍稍得闻往圣昔贤修己治人、平天下之大旨。而其幕府辟召，皆极一时英隽，朝夕论思，久之窥其本末，推阐智虑，各自发摅，风气至为一变！"

曾国藩将自己的用人心得,写在识人鉴人的专著《冰鉴》中,书中采用由外而内、动静结合的方法,提出了识别选拔和任用人才的一些方法,全面阐述了自己的识人用人思想,极具实用价值,值得现代人借鉴。

第二节　清朝时期的用人制度与实践

清朝的制度多承袭明制。清朝的奠基者皇太极曾明确指出:"凡事都照《大明会典》行,极为得策。"清朝建国后,前期基本上是继承明朝的一整套政治制度,来拟定内外文武官制。但是在强化皇权方面,清朝又独创了八旗制度、议政王大臣会议制度、内阁制度、军机处、密折制度等。

一、清朝时期的官制

1."九品十八级"

清朝的官吏等级制度沿用了自汉魏六朝以来"九品十八级"的基本制度,每一品都有正、从两个级别,如正一品文职京官有太师、太傅、太保、殿阁大学士,从一品文职京官有少师、少傅、少保、太子太师、太子太傅、太子太保、协办大学士。

正一品在一般官阶下,级别最高。他们可以享受朝廷给予的最高待遇。除了俸禄、住房、出行外,正一品官员退休后,也有极好的退休待遇。除了退休俸禄,还能让子嗣更容易踏上仕途,免受科举考试的辛劳。

但正一品并非级别最高的官阶,与官阶级别相对应的,还有爵位。顺治时期,形成了一套完善的爵位制度:公、侯、伯、子、男、轻车都尉、骑都尉、云骑尉、恩骑尉九等爵位。其中,非皇族宗亲的公爵、侯爵、伯爵都是超品,另外皇族宗亲的亲王、郡王、贝勒、贝子、镇国公、辅国公也是超品。所谓超品即级别高于正一品,子爵对应的是正一品。

一般官员很难获得超品爵位。比如,历经康熙、雍正、乾隆三朝的"三朝元老"张廷玉,一生鞍前马后,为清朝效忠卖力,是雍正时军国大政的主要助手。张廷玉做过内阁首辅和领班军机大臣,死后配享太庙。但是,张廷玉连一个爵位都没有。

而皇族宗亲、满族和蒙古贵族成员,获得超品爵位就相对容易。比如乾隆时的大臣和珅,因为是满洲正红旗人,36岁时就被授以三等忠襄伯爵位,早早进入超品列。后来因为剿灭白莲教起义有功,更是获得非皇族宗亲所能够获得的最高爵位——一等忠襄公爵位。

2. 八旗制度

八旗最初源于满洲(女真)人的狩猎组织,八旗,即正黄、正白、正红、正蓝、镶黄、镶白、镶红、镶蓝。战时皆兵、平时皆民的八旗制度是清朝的根本制度,伴随清王朝始终。八旗分为上三旗和下五旗,上三旗(镶黄、正黄、正白)旗主均由皇帝兼任;下五旗各旗旗主由各亲王领主。努尔哈赤、皇太极势力增大后,把征服的蒙古族人也编入旗内,归八旗管,被称为"八旗蒙古"。后大量汉人被掠为奴,编入八旗满洲之内,成为家内奴或生产奴,为扩大兵源,再从汉奴中抽出一些壮丁组成"八旗汉军"。顺治时,开始派八旗长期驻守全国各大省会、水陆要冲、边疆海防;乾隆时,八旗营区分布于全国的军事要地,实行永久驻扎,这是清朝统治者维护统治的主要工具。

八旗监视、控制的主要对象是绿营。绿营是汉兵组成的分驻在地方的国家常备兵,以绿旗为标志,以营为基本单位,故而得名。为了有效防止军人拥兵自重,绿营的将领被规定没有直接统兵的资格,由六部的兵部统辖,并由八旗实施监督。清中期开始,绿营战斗力超过了腐化堕落的八旗,清政府开始不断地加派旗人直接担任绿营的中高级军官,以加强对绿营的有效控制。

3.内阁制度和军机处

努尔哈赤建元称汗后,在建立八旗制度的同时,还建立议政王大臣会议,并成为清政权最初的中枢机构。议政王大臣会议由满洲贵族组成,他们商讨和决定军国大事。议政王大臣的决策权,一度大到连皇帝都无法更改的地步。

清朝建制后,为了处理日益繁多的政务,仿照明朝的制度,始设内阁。据《清史稿·职官志》记载,后金太宗天聪三年(1629 年),皇太极设文馆,命满族学者翻译汉文书籍,命儒臣记注本朝政事。天聪十年(1636 年),皇太极改文馆为内三院,即内国史院、内秘书院、内弘文院,并设置内三院大学士。

康熙九年(1670 年),内三院改为内阁,内阁制度最后确定了下来。顺治帝去世后,八岁的康熙帝继位,朝政实际上由索尼、苏克萨哈、遏必隆、鳌拜四大臣辅政为代表的满族贵族把持。康熙帝清除鳌拜及其同党后,"命改内三院为内阁,设立翰林院"。内阁的主要官员定为大学士满、汉各一人,均为正一品;内阁大学士犹如前朝宰相,地位极为尊崇。乾隆年间,配三殿(保和殿、文华殿、武英殿)三阁(文渊阁、东阁、体仁阁),大学士地位"唐、元三公尚不及也"。

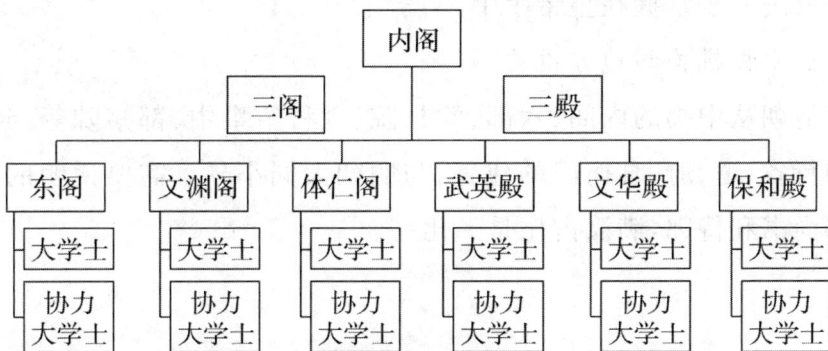

清朝内阁结构图

雍正帝即位后,内阁中的满洲大学士仍拥有较大的权力,他们与议政王大臣互相勾结,对皇权构成威胁。雍正七年(1729 年),雍正帝借口以"紧急处理西北军务"为契机设立了"军机处",乾隆帝时继续设军机处。从此,军机处成为清朝的中枢权力机关,直到清末。军机处在办公场所和官员设置上没有正式规定,也无品级和俸禄,但是其权力极大,统揽军政大权,负责皇帝下达谕旨的撰拟,有时候还可以全权处理官员的奏折;凡遇重要政事,皇帝不能裁决的,交给军机处商量酌定;国家重大案件的审理,军机处也要参与的;重要人才选拔,军机处主持复试或殿试;地方有重大问题,军机大臣奉皇帝旨意,以"钦差"身份,前往处理。

军机处只听皇帝的话,完全置于皇帝的直接掌握之下,相当于皇帝的私人秘书处。军机处诞生后,内阁的权力越来越低,"清大学士,沿明旧名,例称政府,实则国初有议政处以掣其柄。雍正以后,承旨寄信有军机处,内阁宰辅,名存而已。"(《清史稿·大学士年表·序》)

清朝设立内阁的目的,一方面迫于现实需要,毕竟统治区域太大,单靠满洲原有的血缘纽带组成的权力中枢,终究无能为力;另一方面,为了进一步加强皇权,统治者也需要利用内阁来削弱诸王贝勒等议政大臣的权力。当满洲大学士掌控内阁后,遂又设立军机处,把决策权进一步掌握在皇帝手中。

4. 中央机构和地方机构

清朝从中央的内阁、六部、翰林院、六科给事中、都察院等,到地方的行省、道、府、县衙门的建置,与明朝大同小异。需要说明的是,六部尚书和侍郎,满汉占比是一比一。

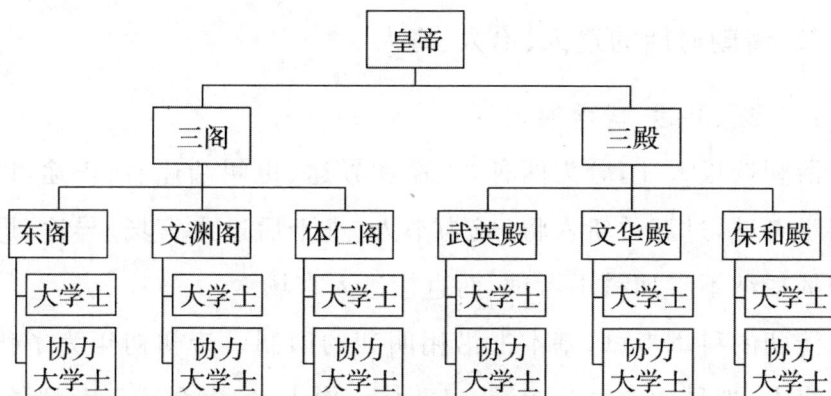

清朝中央机构结构图

　　清朝地方政府在明制的基础上，增加了总督。总督在清朝为地方最高长官，总督统管一省或两三省的军事、行政大权，比如两江总督、闽浙总督、湖广总督、陕甘总督、云贵总督。顺治时设漕运总督，管理鲁、豫、苏、皖、浙、赣、湘、鄂八省漕运，负责江南 8 省征收米粮，由水路转运京师。雍正和乾隆时设河道总督，管理水利及防洪。

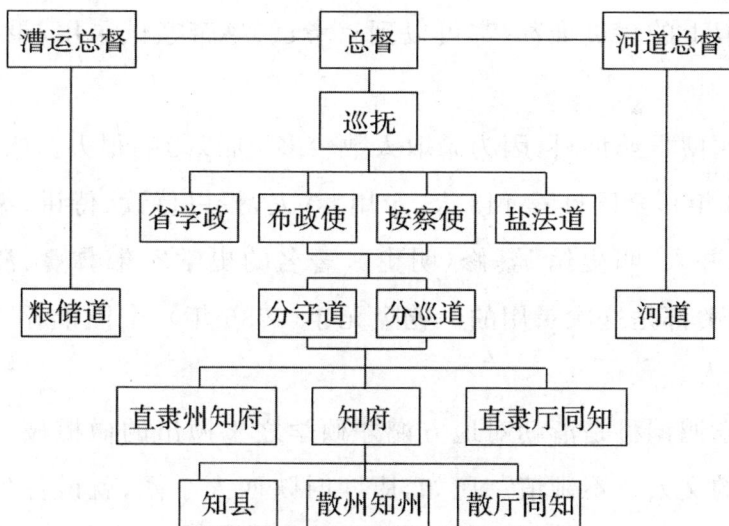

清朝地方官制结构图

二、清朝时期的选人、治人、育人

1. 正途、异途、博学鸿词科

清朝选拔人才,分为两种,正途和异途(也叫杂途)。正途,即通过科举考试,过五关斩六将,成为举人、进士后进入官场;异途,即通过花钱捐纳不参加科举考试,而直接进入官场。

清朝的科举考试,基本上沿用明朝的旧制。清朝初年为了优待满洲旗人,把科举考试分为满、汉两榜。旗人乡试、会试只考翻译(用满文译成汉文一篇),称为"翻译科"。到雍正后,改为旗人、汉人合体考试,满、汉官员都要经过科举考试才算正途出身,做到了形式上的公平。

为了笼络知识分子,选拔博学能文之士,除进士科外,康熙与乾隆时曾两次举办特科考试,因乾隆名弘历,为避讳,故命名为博学鸿词科。这项特殊的考试,不限制秀才举人资格,不论已仕未仕,只要由三品以上的官员推荐,都可以到京考试,皇帝亲试录用,录用后即可任官。

两次博学鸿词科,因为录取人数较多,所以影响很大。康熙十七年(1678年),全国推荐143人,录用50人,授以侍读、侍讲、编修、检讨等职,并入"明史馆"纂修《明史》,著名的史学家朱彝尊、汪琬、潘耒、毛奇龄都是这次录用的。乾隆元年(1736年),全国推荐276人,录用19人。

博学鸿词科是清朝对地方鸿才硕学之士抛出的橄榄枝,但一些有骨气的文人并不领情。比如,康熙时陕西人李颙,就谎称生病,不受荐举,后来被地方官催得急了,干脆把自己锁在屋里。山西人傅山,被人用轿抬到皇宫午门外,却翻滚到地逃走了。大学问家黄宗羲、顾炎武,《儒林外史》作者吴敬梓,也都坚决拒绝荐举,不参加博学鸿词科的考试。

对于正途和异途入仕的官员，清朝是有区别对待的。光绪时修纂的《钦定大清会典》，明确提出"分出身之途以正仕籍""各辨其正杂以分职"。《清史稿》清晰地指出，不是正途出身的官员，不得出任翰林、詹事以及吏部、礼部两部的职位。

需要说明的是，所谓正途、异途之分，只是针对汉人，"旗员不拘此例"。清朝满人的地位一直高于汉人。满人子弟想做官，有太多的渠道进入官场。八旗子弟可以通过世袭直接做官；一般的满人子弟，只要稍懂文墨，就能通过笔帖式进入官场。笔帖式，即抄写、翻译满、汉文的考试方式。笔帖式升迁速度较快，被称为"八旗出身之路"。

2. 监察：密折制度

明朝建立了非常严密的特务制度，先是锦衣卫，之后是东厂，然后是西厂，成为明朝晚期政治乱象的原因之一。而清朝以密折制度监视百官。

密折制度规定：四品以上的官员可以给皇帝直接写奏折，装到一个密闭的容器之中，除了皇帝和写奏折的大臣本人之外，其他人是看不到的。有了密折制度，百官互相之间监督，相互牵制，皇权由是进一步加强。

密折制度让皇帝足不出户而获取无穷信息。雍正时有多达1200多名官员给他写密折。康熙四十五年（1706年）的状元王云锦，曾经参加编纂《康熙字典》。雍正时，继续担任京官。某一天他与身边人玩纸牌"叶子戏"，叶子突然丢了一片。次日上朝，雍正帝笑问他昨晚如何消遣，王云锦如实回答。雍正皇帝笑道："不欺暗室，真状元郎。"然后从袖子里掏出那片丢失的"叶子"，王云锦震惊不已。

3. 育人：清朝学制沿革

清朝的办学体制沿袭宋明，在此基础上又有所改进。在京师设立国学,培养高级官吏,主官为祭酒,满汉各 1 人,次官为司业,蒙满汉各 1 人。讲学的有博士、助教、学录,教学管理有"五厅"(绳愆厅、博士厅、典籍厅、典簿厅、掌馔厅)、"六堂"(率性、修道、诚心、正义、崇志、广业。前 3 为低级班,中 2 为中级班,后 1 为高级班)。学生有每年从州、府、县的廪生中挑选上来的优秀贡生,也有凭祖、父功劳直接进来的官员子弟,有以举人资格进入学习的,还有花钱捐纳进来的。学生一般为 300 人,采取住校的方式统一管理。

地方也设有府学、州学、县学等官学,和明朝一样,童生要经过入学考试,取得生员(秀才)资格,再经过考试,划分出等级,对于学习特别好的廪膳生,发给月米。教育内容为培养官吏而设置,有法律课,讲解清律;政治课,读卧碑;文化教育课,读《四书》《御纂经解》《性理大全》《诗》《古文辞》《大学衍义》《文章正宗》等;习字课,练习书法;习射课,学习射箭。

清朝的学校教材都是经过官方审定的。清朝政府曾对旧书中涉及外族的地方,统一修改;有诋毁的地方,全书抽毁或禁行或全毁。清朝学校设置的课程较少,重点放在考试上,考试有月考、季考与岁考,目的就是让这些教材内容深入人心。学生毕业后参加的科举考试,也采用八股制,确保不能随意发挥。

清朝还有一个举措,就是把书院也变成了官学。明朝一些私立书院自由讲学,抨击时弊,比如东林书院把自己的办学宗旨定为"风声雨声读书声,声声入耳;家事国事天下事,事事关心"。清朝则改由国家扶持办书院,所以清朝的书院发展很快,书院所授内容与官学无异。光绪二十七年(1901 年),书院直接被改为各式学堂,书院从此退出了历史舞台。

需要指出的是,满人贵族和皇室子弟也有自己的专属学校。八旗子弟的专属学校,叫旗学。康熙、雍正时,先后设立了景山官学、咸安宫官学,皆隶属于内务府管理,专收内务府的八旗子弟入学。宗室子弟的专属学校,叫宗学,由宗人府管理。顺治时开始,宗学读满书、汉书,兼习武艺,毕业后通过殿试直接授官。宗学在光绪年间被撤掉,随后被觉罗学替代。觉罗学是专门为觉罗子弟,即努尔哈赤伯叔兄弟的旁系子孙特设的学校。

鸦片战争后,教育改革成为朝野共识。要想培养洋务人才,必须变通"考试功令",另设专门学堂,教授西人的语言文字和科学技术,已备国家之用。洋务运动时,兴办了许多新式学堂(外语学堂、军事学堂、技术学堂三类),并派遣留学生到欧美各国学习军事和科学技术。通过办洋务学堂和派生出国留学,培养了一批包括科学技术、企业管理、军事、外交等方面的新型人才,开辟了一条与科举取士不同的选拔人才的途径。

1903年,张百熙制定《钦定学堂章程》,其中包括初等小学堂、高等小学堂、中学堂、高等学堂、大学堂附通儒院,蒙养院以及家庭教育法章程;还有各级师范学堂、农工商实业学堂,以及各学堂管理通则,考试以及奖励章程,这个章程构建了一个完整而系统的新式教育体系。

1905年,清政府正式下诏废除科举制,同时,清政府推行新的教育体系,但此时却为时已晚,新教育体系还未建立,清朝便覆亡了。《钦定学堂章程》被民国继承了下来,成为民初创立新式教育体制的主要依据。

三、"文字狱"是清朝用人以顺的实证

文字狱自古就有,但唯独清朝在整个社会造成了恐怖氛围,基本都是捕风捉影的冤杀。对此,史学家顾颉刚有云:"清代三百年,文献不存,文字狱祸尚有可以考见者乎?曰:有之,然其严酷莫甚于

清初。"

清军打败李自成入主中原后，在当时汉族文人看来，是"乾坤反覆，中原陆沉"，因此出现了各种反清言论以及著述。对于清廷来说，文人不杀，言多恐危及统治；文人一杀，天下再无读书人，还会大乱。该怎么解决呢？杀一儆百的"文字狱"制度由此便诞生了。

清朝文字狱起于顺治四年（1647 年），高僧函可携带洪承畴所送印牌离开南京返回广东的时候，被清兵搜出有朱由崧答阮大铖的书信以及《再变纪》手稿，《再变纪》是函可私下记录的清兵攻陷南京时发生的重大事件。函可被捕后先是在北京被严刑一年，之后流放沈阳。

顺治十七年（1660 年），都察院左都御史魏裔介向顺治帝上奏，弹劾浙江左布政使张缙彦曾写"称以将明之才，词诡谲而叵测"。（《清史列传·张缙彦传》）顺治帝因"将明之才"，就派人抓捕张缙彦，并没收其家产，后流徙宁古塔。"将明之才"，本是张缙彦借《诗经》"肃肃王命，仲山甫将之；邦国若否，仲山甫明之"之语，夸赞好友刘正宗明察辅政，却被扣上了反清复明的大帽子。

康熙时发生了两起较大的文字狱案。

浙江湖州富豪庄廷珑，私自出版了一本《明史》，本想着留名于世，结果却招来大祸。书中有不少对清朝不敬的言辞，比如不承认清朝的正统，写清军入关用了"夷寇"字眼，直呼努尔哈赤为"奴酋"，斥骂降清的尚可喜、耿仲明为"尚贼""耿贼"。一个叫吴之荣的被罢知县向清廷告发，刑部掀起大狱。《明史》编写、校对、刻字印刷的人全部受到牵连，或凌迟、或杖毙、或绞死，史称"《明史》案"。庄廷珑案发时已死，尸体被挖了出来，悬吊在杭州城北关城墙上，示众三个月，他活着的弟弟庄廷钺也被杀。

另一位学者戴名世，编写了一部《南山集》，请了许多人作序，自费出版后藏在家中。后来戴名世考中进士,在翰林院做编修。康熙五十年(1711年),被人揭发《南山集》里面有浓重的反清意识,"倒置是非,语多狂悖","祈敕部严加议处,以为狂妄不敬之戒"。戴名世最终以"大逆"罪下狱,两年后被处死,与他相关联的官员如桐城派开山鼻祖方苞、侍郎赵士麟、淮阴道王英谟、庶吉士汪汾等32人被降职罢官处分。整个案件有三百余人被判死刑,影响巨大,史称"《南山集》案"。

雍正时,年羹尧备受宠信,因此恃功自傲,骄横跋扈。在一次奏表中将成语"朝乾夕惕"写成了"夕惕朝乾",群臣趁机群起而攻之,弹劾他九十二条大罪。年羹尧被捕后自杀,亲族、同党或斩首或流放或贬谪,凡是与他有牵连的人统统都受到处罚。年羹尧案成为雍正帝的第一起文字狱。从此之后,文字狱成为了雍正帝清除异己的重要手段。

乾隆帝在位期间发生的文字狱超过130起,比中国历史之前的文字狱总数还多。满人鄂尔泰和汉人张廷玉都是雍正的得力军机大臣,两人在乾隆即位后发生矛盾,下面的官员由此分为两派,乾隆曾多次调解,无果。满汉官员之间互相猜疑,从而发生了胡中藻诗狱。胡中藻是鄂尔泰的门生,为内阁学士,善于作诗。讨厌朋党之争的乾隆就从胡中藻的诗入手,说"一把心肠论浊清"一句,故意把"浊"字加于清朝国号之上,大不敬;"南斗送我南,北斗送我北"一句,南北分提有意制造满汉对立。结果胡中藻被抄家,判为凌迟,后改为弃市。他的老师鄂尔泰的灵牌被撤出了贤良祠。乾隆时的其他文字狱,也多是如此牵强附会。

大规模的文字狱,使天下文人再也不敢忤逆皇帝,其创作受限,思想受禁锢,皇帝从此高枕无忧。清朝借助"文字狱"和八股取士,铲除了"不听话"的逆臣,录用了唯命是从的顺臣,从而达到了集权专制的高潮。

第三节　清朝时期用人略评

哈佛大学卜正明教授在《哈佛中国史》丛书中,写到清朝时,称赞清朝政府作为一个"小政府",用不多的人统治一个庞大的帝国,实在高效。同时,因为清朝任人唯顺,压制人才,最终造成了万马齐喑的局面,致使中华民族在近代世界大变局中落伍了。

一、清朝时期用人的成功经验

由于中国历史上的朝代大都是汉人王朝,汉人长期以华夏文明正统传人自居,少数民族被视为"蛮夷"。清朝建国后,社会矛盾空前剧烈,席卷全国的农民大起义接连不断,像黄宗羲、王夫之、顾炎武这样的思想家还提出了抨击君主专制、主张对君权严加限制的先进思想主张。在这种形势下,清朝所采取的任人唯顺措施,对于维护皇权统治和社会稳定,起到了立竿见影的效果。

在加强集权方面,清朝通过独创的密折制度、设立军机处、制定严密的行政法规、残酷的文化专制政策,使皇帝的意志可以不受任何制约地传递到全国的每一个角落。

清初几位帝王采取积极防范措施,顺治帝鉴于以往朝代宦官擅政典兵,流祸无穷,于交泰殿铸铁牌示警,并依明宫寝旧制,裁定十三衙门,再立内务府。外戚不许专权,权臣不得干政,并严行禁止士习不端,结社订盟。康熙帝禁止官员私置党羽,蠹国害政。雍正帝撰《朋党论》,告诫臣僚。这些措施,有效避免了汉唐以来后党专权、权臣擅政、外戚篡权、宦官乱政、臣僚结党等局面。

清朝开科取士,展示了开放的用人姿态,使得读书人依然有官做,可以参与政治,甚至能成为高官。晚清时,汉族功臣也能获得爵位的措施,更充分调动了汉族能人的积极性。曾经立下卓越军功的曾国藩及弟弟曾国荃、左宗棠、李鸿章都获得超品封爵。曾国藩的儿子曾纪泽还继承了父亲的爵位。

二、清朝时期用人的弊端和教训

清朝任人唯顺,本质上是凸显满人的优越地位,压抑汉官的积极性,建国初期起到了维稳作用,但从长远看贻害无穷。

依据清朝规定,如果满汉官员在能力方面差不多的情况下,升职的时候满人优先。就算官职相同,许多满人官员也是看不起汉人同僚的。比如,两广总督瑞麟是一名满人,是满洲正蓝旗人,根正苗红。他在任职两广总督期间,先后与两任广州巡抚不和。前任广州巡抚叫郭嵩焘,后任广州巡抚叫蒋益澧,都是汉人。瑞麟瞧不起他们,郭嵩焘和蒋益澧自然不满,矛盾闹得不可调和,闹到朝廷,最后的处置结果是郭嵩焘和蒋益澧被调离广州。

钱穆评价清朝官僚系统时说:"他们(清朝统治者)只需要有服服帖帖的官,不许有正正大大的人。结果造成了政治上的奴性、平庸、敷衍、腐败、没精神。政治腐败了,纵想讨好民众,民众也得不到实惠。到乾隆时,满族官僚日愈放肆,政治加速腐败,那时中国知识分子的反抗意识已消沉,但下层民众所受的痛苦却积渐忍不住了。虽然起义镇压了,但病根依然存在,一些也没有减。所以此后满清政府即使不遇到中西交通,没有西洋势力侵入,不久也仍得要垮台。"

任何组织失去了内部活力和创新力,就会停滞不前,最终被时代所淘汰。清朝用人以顺使得人才长期处于压抑状态,连基本的骨气、廉耻和自尊都没有了,遑论创造力。清朝任人唯顺,是中华民族近代走向没落的原因之一。